MAESTRÍA INTERIOR

PADLA HUN

MAESTRÍA INTERIOR

Una guía para convertirte en el maestro de tu mente y emociones

Bienetre Media Group

MAESTRÍA INTERIOR
Una guía para convertirte en el maestro de tu mente y emociones

Paola Hun

© 2019 Bien-etre Media Group.

Todos los Derechos Reservados. Queda prohibida la reproducción parcial o total de este material por cualquier medio o método sin la autorización por escrito del autor.

Diseño y Diagramación:

Esteban Aquino, Ceadvertising.

ISBN:

978-9945-9183-9-7

Edición:

Editado por UVR Correctores de Textos para Bienetre Media Group.

Impresión:

Impreso en la República Dominicana por Bienetre Media Group, bajo el sello A90D.

www.a90d.com

Primera edición 2019.

Dedicado a todos aquellos seres dispuestos a dejar de buscar la plenitud fuera de si mismos y que sienten el llamado a permitir que las semillas de la luz plantadas fuera del tiempo empiecen a nacer...

Contenido

Agradecimientos 10

Introducción 11

Capítulo 1.

Cuando el sueño comenzó 13

¿Qué es lo real para ti? 13

Y si no estamos viendo, entonces, ¿qué es lo que vemos? 16

¿Quién habla en tu cabeza? 18

Capítulo 2.

Las programaciones mentales 23

Como es adentro es afuera 29

Capítulo 3.

El lenguaje de la mente programada 37

El ataque o castigo 38

La comparación. 38

El juicio. 39

La carencia 40

El esfuerzo 42

El sacrificio 43

El victimismo 44

El intercambio 45

La culpa 46

La pequeñez 47

La grandiosidad 48

El especialismo................ 49

La manipulación y el control 50

El conflicto....................51

El miedo 53

La duda...................... 54

La necesidad 55

El resentimiento 56

Capítulo 4.

Maestría emocional 58

Las emociones, las más poderosas mensajeras 59

Sentir sin excepciones 62

El sentir original 63

El sentir programado 64

Las cargas emocionales......... 65

La sabia inocencia 66

No confundas alegría con felicidad 67

Los pasos de la maestría emocional 68

Capítulo 5.

    La falsa identidad 73

        La persona 74

        Las heridas que marcan personalidades . . . 75

        Las máscaras del ego 75

        Quitarse la máscara 81

Capítulo 6.

    Relaciones conscientes 85

        La relación contigo mismo 87

        La relación con tus padres 88

        La relación con tu pareja 90

        La relación con el dinero 92

        Encuentros sagrados 105

Capítulo 7.

    Más allá del pensamiento 108

        Los estados de la mente 110

        Las cualidades naturales de la mente 114

Capítulo 8.

    Mente abundante 123

        Se responsabiliza 125

        Suelta 125

        Agradece 126

Comparte 127

Confía 128

Crea 129

Ama 129

Capítulo 9.

Recordando el origen, despertando del sueño . 132

Autoindagación 133

Integración 134

Perdón 135

El asistente divino.
El gran transformador de la percepción . . . 138

Existe una manera de vivir en el mundo
que no es del mundo 139

Los principios de la claridad 141

La disolución del yo personal 142

No tomo decisiones por mi cuenta 143

Llegar a la consciencia de unidad
es inevitable 145

El viaje espiritual 146

Agradecimientos

Gratitud infinita a la vida que nos trae siempre los escenarios, los maestros y los instantes que nos llevan a nuestro re-encuentro.

A la Consciencia Suprema que siempre se encuentra refulgente en esa dimensión sagrada de nuestro Ser.

Y a todas las mentes dispuestas a despertar y seguir el camino de la libertad, la dicha y el amor.

Introducción

Este es un libro que ha sido desarrollado con el firme propósito de que recuerdes tu conexión con la totalidad; los seres humanos trabajamos para formarnos o convertirnos en maestros de algún área específica, de un arte o una ciencia, sin embargo, poco se trabaja por la propia conquista interna, por convertirnos en los científicos de nuestra propia experiencia y transformarnos en maestros de nuestro mundo interior.

Contrario a lo que muchos creen, para conocer el universo no se necesita emprender una gran cantidad de viajes, sino que basta con realizar uno solo: un viaje hacia nuestro interior. Vivimos en un universo fractal, la parte pertenece al todo y el todo pertenece a cada parte, por lo tanto, el cosmos habita en ti.

Si en este momento te encuentras conectando con esta herramienta, es porque, la leas o no, existe en ti un claro llamado a conectar con esa verdad que reside en lo más profundo de tu ser. No se trata de una verdad pensada ni contada, hablo de esa verdad que se reconoce desde el silencio, en muchas oportunidades, arrinconada entre pensamiento y pensamiento, hablo de esa verdad que cuando te toca, inunda tu existencia de plenitud.

Aquí encontrarás una guía que te llevará, si tú lo eliges, a reconocer de manera *simple* cómo llegar al encuentro con la potencialidad pura, con lo insondable, con lo ilimitado. Quizá tu mente se pregunte en este momento de qué manera se puede llegar a ese acercamiento de forma "simple", al respecto, quiero contarte que a partir de lo que he experimentado, he descubierto que en realidad la sabiduría no es compleja; lo complejo es la mente humana que es experta en volver difícil hasta el aspecto más elemental. Ahora bien, no me refiero a la mente en su totalidad, sino a esa parte de nuestra mente que se encuentra llena de limitaciones, condicionamientos, juicios y miedos. A esa que no es otra cosa que una mentalidad programada, a quien muchos le han dado el nombre de ego.

Este libro está dirigido a seres que se encuentren dispuestos a convertirse en los maestros de su mundo interior, en gerentes y dueños de su experiencia de vida, en creadores de una realidad consciente; y además, que estén abiertos a recordar su verdadera identidad y a navegar plenamente más allá del océano de sus pensamientos y de sus emociones.

Para ello no necesitas ningún tipo de preparación previa, lo único que se requiere de ti es la voluntad y la valentía de emprender un poderoso viaje hacia ti mismo.

CAPÍTULO 1.

CUANDO EL SUEÑO COMENZÓ

Eres un viajero únicamente en sueños, mientras permaneces a salvo en tu hogar. Dale las gracias a cada parte de ti a la que le hayas enseñado a que te recuerde" (UCDM CAP 13, VII, 17-7).

¿Qué es lo real para ti?

Quizá has aprendido que la realidad o lo real es todo aquello que ves, todo aquello que sientes, que hueles o pruebas. Te han enseñado a volverte esclavo de tus sentidos y a afirmar que el mundo real es lo que ves proyectado frente a tus ojos.

Sin embargo, qué pasaría si aquello que ves como real, es tan solo un campo de ilusión, un espejismo, un sueño. Existe una manera muy simple para distinguir lo real de lo ilusorio y puedes darte cuenta tan solo con esta claridad: *lo real, es eterno.*

Ahora revisa: ¿Qué de todo aquello que te rodea es eterno?, ¿qué es ilimitado?, ¿qué es permanente?, ¿qué, del mundo que ves, es para siempre? Con este pequeño ejercicio no solo puedes darte cuenta de lo que es real, sino también de lo que no es verdad.

Llámese real a lo verdadero, ilimitado y permanente. Cuando hablo de la verdad, no me refiero a una verdad narrada por otros, hablo de la verdad que habita en ti, de lo eterno e imperecedero, de lo que no cambia, sino que permanece.

Esa verdad va mucho más allá de los símbolos que hemos creado para comunicarnos, es una verdad que supera el contexto racional humano, que es inalcanzable desde la mente pensante, que no entra en conflicto pues no tiene opuestos; es esa verdad que te hace sentir libre, que te permite conectar con la paz, que te hace ver más allá de lo impermanente, que te llena de luz, que te inunda de amor.

Ahora que empiezas a conocer qué es lo real, qué es lo verdadero, pregúntate nuevamente:

¿Qué es real en mí?

¿Qué es real de lo que veo en los demás?

¿Qué es real de lo que veo en el mundo?

La humanidad ha tropezado con la misma piedra una y otra vez. El sufrimiento es el resultado de la ignorancia al desconocer la verdadera naturaleza de la realidad.

Desde que llegamos a este mundo lo hicimos con amnesia. Olvidamos quiénes somos, de dónde venimos, para dónde vamos; y el proceso de recordar quizá esté tomando muchas vidas.

¿Por qué lo hemos olvidado?

¿En qué momento nuestra mente se limitó?

¿Qué la limitó?

Partamos del hecho que, como humanidad, en un contexto cuántico formamos una sola mente, esta mente se encuentra fragmentada en millones de conciencias que decidieron experimentarse a sí mismas, creyéndose desconectadas de la mente original.

Esa aparente división inicial da origen a la *percepción*, donde por medio del cuerpo y los sentidos la mente se convirtió en un instrumento perceptor en lugar de ser lo que realmente es: un instrumento creador.

A partir de ese instante de ilusoria separación empezamos a percibirnos como "creíamos que éramos" y no como realmente somos, de esta manera se generó en la mente una programación con una falsa identidad nuestra, una identidad que habla de miedo, condicionamientos, juicios, victimismo y limitación, toda una experiencia de autoengaño.

A esta falsa identidad, o a este personaje se le ha llamado ego. Su principal objetivo es que no recordemos nuestra verdadera identidad, dado que eso implicaría su desaparición, y claramente no tiene intenciones de desaparecer. Por eso ha trabajado para convertirse en el dueño de nuestra percepción, en dueño de nuestra manera de ver el mundo y de vernos a nosotros mismos. Fue en ese momento donde nuestra visión se nubló, dejamos de ser dueños de una verdadera visión para ir a tientas por la vida observando un panorama completamente distorsionado de lo que realmente ES.

El cerebro humano registra tan solo unos detalles de lo que ve, el resto lo inventa; asimismo, construye una simulación de la realidad de acuerdo con sus programaciones, creencias y percepciones. Desde este punto de vista, el mundo no es como lo vemos, ni como lo oímos o recordamos. Nos engañamos unos a otros y a nosotros mismos de manera inconsciente.

Y si no estamos viendo, entonces, ¿qué es lo que vemos?

Te respondo: lo que ves no es otra cosa que tus propias programaciones mentales. Estas programaciones son conversaciones que hemos permitido que se adentren en nuestra mente inconsciente. Al principio estas programaciones eran apenas unos símbolos, aprendiste el a, b, c como un conjunto de figuras que representaban un sonido; luego te contaron, por ejemplo, qué era una mesa, una silla, un animal o una persona; y más adelante te dijeron qué debías pensar respecto a la silla, a la mesa, al animal y sobre cada persona.

Fue construyéndose en tu mente una estructura de creencias que por acuerdo recibiste. No precisamente porque estuvieras de acuerdo, solo que tu mente inocente en ese momento no tenía manera de juzgar si aquella información recibida era cierta o no. Te encontrabas en ese proceso de adiestramiento del que ningún ser humano escapa.

Por lo tanto, en tu mente no solo residen creencias que quisiste adoptar a partir de tu propia experiencia, sino que también se encuentra toda una serie de estructuras, patrones, programas y condicionamientos que recibiste de tu familia, de tu cultura y de tu sociedad.

Por tu mente hasta este momento solo han pasado pensamientos ya pensados, es decir, provenientes del pasado, de historias sobre cómo o de qué manera le ocurrieron las cosas a algún otro. Y resulta que ese o esos otros también tenían limitada su percepción acerca de la realidad, entonces, has construido en tu mente un muro de condicionamientos que quizá no te ha permitido moverte y crear de la manera que fuiste creado para hacerlo.

Hemos almacenado tantas mentiras en nuestra memoria, que la *verdad* ha quedado relegada, o peor aún, se ha convertido en una utopía. Nuestro estado esencial de paz, felicidad, dicha y plenitud ha pasado a ser parte del campo de lo imposible. Ahora lo "normal" y lo cotidiano es el caos, la intranquilidad, la ansiedad, la depresión y la insatisfacción.

¿Qué pudimos ver si no es lo que hemos aprendido?, ¿cómo podías verte abundante si te dijeron que todo se encontraba en carencia?, ¿cómo podías abrirte al amor si todo lo que viste en las relaciones fue conflicto?, ¿cómo podrías manifestar aquello que quisiste de manera simple, si te dijeron que todo requiere esfuerzo y sacrificio?

Has manifestado una "realidad" que ha sido coherente con las programaciones que te han sido implantadas, y muchas de ellas las elegiste con algún grado de conciencia, sin saber que te encontrabas fabricando aquello que ibas a experimentar. Es esa la razón por la que se han generado bucles que te llevan a repetir historias personales, familiares y colectivas una y otra vez.

No hay manera de salir de ese sistema de repeticiones si no es a través de la consciencia. Para poder despertar a la verdad, para poder recordar tu naturaleza esencial, todo requiere pasar por el filtro de tu verdadera presencia, es necesario que el observador que habita en ti despierte, que reconozca su grandeza adormecida y entumecida por toda una existencia de olvido.

Este olvido de sí tuvo su origen en la ilusoria separación, donde nos creímos alejados de nuestra naturaleza divina; en ese momento olvidamos quiénes somos y ahora tan solo nos vemos como legiones de dioses con amnesia colectiva, creyendo que somos cuerpos, desconectados de su sabiduría, atrapados en sus emociones y desvinculados del poder más grande: su poder creador. Mientras tanto nuestra naturaleza esencial permanece oculta en alguna parte de nuestra mente, esperando un atisbo de claridad que le ayude a despertar, y que lleve nuevamente en la ruta al recuerdo de sí.

Así, al olvidarte de quién eres, empezaste a fabricar una falsa identidad de ti mismo, y lo que es peor, has creído que eres aquello que has inventado. Observa cómo la mayoría de las cosas que piensas respecto a ti mismo son tan solo suposiciones, pero las has dado por sentado, y muchas veces incluso tomas como verdad los conceptos y opiniones de cualquier otro ser humano, que puede estar tanto o más confundido que tú.

¿Quién habla en tu cabeza?

Puedes oír el narrador de tu historia tomando dentro de ti diferentes voces y distintos tipos de discursos, todos ellos expresan una versión distorsionada de la realidad. En la gran mayoría de las ocasiones este narrador, que hace parte de tu mentalidad programada, es quien dirige tu vida y desde una visión totalmente limitada te entrega un panorama acerca del mundo y de ti mismo. Además, desde esa casi nula y alterada visión generalmente opinas, tomas las grandes y pequeñas decisiones en tu vida y te relacionas contigo y con el mundo.

Tómate unos segundos para escuchar esa voz, en los segundos iniciales quizá se esconda, a ese personaje no le agrada ser descubierto, sin embargo, no tardará en aparecer porque no puede parar de hablar y de opinar.

Si estás escuchando lo que dice, claramente esa voz, no eres tú, porque entonces, ¿quién está escuchando?

Quien escucha eres tú, la consciencia. Y como consciencia puedes ser el observador de toda tu experiencia vital, ten en cuenta que el observador no puede ser al mismo tiempo quien está siendo observado. Si tú te dispones a ver la película de tu vida desde la perspectiva de ser espectador de lo que ocurre, puedes dejar de ser el actor, para pasar a ser el director de tu obra.

Cuando no estás sumergido completamente en tus historias de vida, tienes la posibilidad de desidentificarte de aquello que no eres. Mientras estés en la película fácilmente te identificas con tus roles, con tus posesiones, con tu apariencia física, con tus pensamientos o tus emociones, y no eres eso, porque tú eres eterno y todo lo anterior es temporal. Lo que no quiere decir que rechaces lo anterior. En absoluto, la consciencia lo abarca y abraza todo, no rechaza nada, no tiene conflicto ni con el conflicto mismo.

La consciencia solo observa, contiene, no juzga. Tan solo deja pasar. La consciencia es como el cielo, y tus pensamientos son esas nubes que pasan por tu cielo. ¿Creerías posible que el cielo crea que es una nube?, ¿o se fije a la nube y se aferre a ella? Pues, los seres humanos hacemos eso con nuestros pensamientos, o creemos que somos nuestros pensamientos o nos apegamos a ellos, por lo tanto, o nos empequeñecemos o nos estancamos.

Sé un observador consciente de tus pensamientos. No son tuyos, tan solo están pasando por tu campo mental, dales el permiso de *ser*, sin juzgar, sin rechazarlos, evitarlos o intentar cambiarlos. Desde ese punto de consciencia puedes decidir a qué pensamientos entregarles tu atención, qué pensamientos funcionan para ti y cuáles son útiles en ese momento, porque a partir de ellos y tu fe en ellos crearás tu "realidad".

Cuando despiertas empiezas a generar realidades conscientes, y de eso se trata, de que tengas la capacidad de vivir un sueño feliz mientras estás experimentándolo. Si observas, para muchos, y quizá para ti también en alguna oportunidad, ese sueño ha dejado de ser sueño para convertirse en una pesadilla. Así sentimos que no tenemos escapatoria, que estamos siendo presos de las circunstancias. Y ciertamente estamos siendo presos, pero no propiamente de las situaciones, sino de nuestra propia mente, y específicamente de nuestras programaciones.

Estas programaciones se han convertido en una cárcel fabricada por el ego, cada limitación es un condicionamiento que se ha alojado en nuestra mente. Mas no es una prisión real, es ilusoria, pues proviene de la misma mentalidad ilusoria que la creó. En esa prisión, la puerta siempre ha estado abierta, pero no te has atrevido a salir, porque ese programa llamado ego te ha dicho que lo que encontrarás fuera es horrible, temible, doloroso. No es que así lo sea, todo lo contrario. Fuera de ahí se encuentra el cielo que reside en ti, todo un reino de dicha, paz, felicidad y gozo.

Es importante que tengas claro que a él no le interesa que salgas de ahí, él necesita tu atención, requiere tenerte adormecido, sometido al influjo de sus mandatos, porque él vive mientras tú le atiendas, le creas y le honres al hacer lo que te propone.

Meditación

Estoy soñando
Paola Hun

Me he olvidado de quién soy, me embarqué en este viaje con la intención de despertar en este sueño, sin embargo, sentí el dolor físico y emocional, he vivido pérdidas, he sentido hambre, frío y cansancio. He sido testigo de la enfermedad y la muerte. Todo ha parecido ser tan real, mi mente se tornó caótica y olvidó su estado natural.

Y creí que todo era cierto, me volví esclavo de mis sentidos, olvidé ver más allá de lo que permiten mis ojos. Guardé en mi mente un sinnúmero de mentiras porque no pude verificar si eran ciertas. Mi maestro interior fue silenciado por la bulla estrepitosa de historias ajenas, provenientes de otras mentes dormidas.

Mi alma enviaba mensajes de incomodidad, tristeza o angustia, mostrándome que me alejaba de lo esencial, lo verdadero y lo real, pero cómo darme cuenta si nunca me contaron que soy un alma, enfrascado en un cuerpo, se me entrenó para pensar de cierta manera para que el statu quo no se sienta amenazado y el sueño del olvido continúe reinando. Dominado por el miedo fui perdiendo mi inocencia.

Dejé de asombrarme, de disfrutar lo que trae el momento presente, empecé a vivir en insatisfacción, inconformidad y lucha. Creyéndome insuficiente fui avanzando con temor, buscaba encontrar lo que creía que había perdido.

Al sentirme incompleto he ido en busca del amor que ya soy, he buscado la felicidad afuera, sin recordar que siempre ha estado dentro, perdí muchas veces la esperanza de sentir paz, porque es lo que menos he experimentado.

La luz que habita en mí, me recuerda ahora, que fuera de este sueño, en la verdad, soy consciencia, claridad, sabiduría y dicha. Sin espacio para el dolor o el miedo, soy uno con el todo. Nada puede definirme, encasillarme ni limitarme, porque soy infinito. Esa luz que forma parte de mí, está a mi disposición, lista para mí, para cuando elija despertar.

CAPÍTULO 2.

LAS PROGRAMACIONES MENTALES

No hay mayor esclavo como quien se cree libre sin serlo".
J.W Goethe

Recientes estudios afirman que el verdadero componente fundamental del universo no es la energía ni la materia, es la información. Vlatko Vedral, profesor de información cuántica de la Universidad de Oxford y autor del libro "Descodificando la realidad", aclaró cómo las unidades de información que tenemos en nuestra mente son las que generan eso a lo que nosotros llamamos "realidad".

Te has preguntado ¿por qué vives lo que vives?, ¿de dónde ha salido esta "realidad"? La información es el hilo conductor que conecta todos los fenómenos que vemos a nuestro alrededor y que explican su origen.

Los seres humanos somos toda una arquitectura de información tanto física como psíquica. La biología evolutiva y la biología del conocimiento dan evidencia de cómo cada partícula de un cuerpo brinda una gran cantidad de información de nuestro proceso evolutivo, por eso nuestra realidad está diseñada, en última instancia, por información.

La mente funcional

La mente funcional la componen, por decirlo de alguna manera, los pensamientos operativos; existen memorias que son fundamentales para la evolución de la especie o las labores de nuestra vida cotidiana, como lo que voy a hacer en el día, preparar la cena, o asuntos relacionados con la supervivencia, por ejemplo, saber que el fuego quema, que no podemos lanzarnos de un décimo piso o que cuando nuestra vida está siendo amenazada requerimos correr o defendernos. Lo que ocurre es que a esta mentalidad, que administra todos esos procesos, la hemos dejado a cargo prácticamente de las decisiones más importantes de nuestra vida; el administrador dirige desde todas sus memorias porque el gerente consciente se encuentra adormecido.

El Dr. David R. Hawkins en su libro "El descubrimiento de la presencia de Dios" afirmó: "Si se ven con claridad, es evidente que los mecanismos del ego solo parecen un medio para la presunta supervivencia biológica y emocional. Han estado al servicio de la evolución y de la supervivencia del cuerpo animal, y de sus mecanismos mentales primitivos. Ahora se cree que el ego es más primitivo que malvado o demoníaco."

A esta mente primitiva y lineal se le ha entregado la dirección de la existencia humana, esta la ha supeditado a sus percepciones sensoriales hasta dejar de lado el estado de presencia o desidentificación con la mente pensante.

¿Qué es un programa mental?

Si realizamos una analogía respecto a cómo funciona un computador y cómo funciona nuestra mente, podríamos decir que un programa mental es un software que se encuentra instalado en el disco duro (nuestra mente) y que determina las reacciones o comportamientos que genera el individuo que lo porta.

Estos programas mentales están dirigidos por un Programa Mental Maestro (EGO, por sus iniciales en inglés Every Got One: cada uno tiene uno), el cual alberga un gran algoritmo o "receta" que te dice:

Qué pensar

Qué sentir

Cómo hablar

Cuánto dinero tener

Qué calidad de salud tener

Qué pareja buscar

Si debo o no tener hijos

En qué debo trabajar

Qué carrera estudiar

Entonces, como podemos notar, se trata de información contenida en nuestro campo psíquico que da origen a lo que vemos en nuestra realidad. Las circunstancias, las personas, y los hechos que llegan a nuestra vida son reflejo de la información que tenemos alojada en nuestra mente. Esta información en su gran mayoría está oculta en la mente inconsciente o subconsciente, y una pequeña o quizá pequeñísima parte de esa información está dentro de la mente consciente, es decir, somos conscientes de muy poca información de la que reside en nuestro campo mental, y lo sepamos o no, seguimos proyectándola fuera de nosotros y eso es lo que vemos a manera de situaciones, individuos o acontecimientos.

Estamos en un plano dual, todo tiene opuestos: día-noche, oscuridad-luz, arriba-abajo, adentro-afuera, por lo tanto, la única manera que tenemos los seres humanos para vernos y para reconocernos es a través del otro.

¿Quieres saber cuáles son tus programaciones?, observa tu vida, todo lo que te rodea es información. Cómo están tus relaciones, tu trabajo, tu economía, tu salud, todo habla de la información que llevas contigo.

No importa qué tanto trates de hacer ahí afuera al intentar cambiar lo que ves, si no se modifica el origen de la proyección (que está en tu mente), la situación, la persona o la circunstancia regresará a ti cuantas veces sea necesario, hasta que trasciendas y sanes lo que está oculto en la sombra, escondido en tu mente. Todo lo que pasa fuera es un tesoro que puede llevarte de regreso a ti mismo. Cuando somos conscientes de ello notamos que no hay un afuera y un adentro, es una misma información manifestándose en un plano dual. Eres responsable de lo que ves, porque esa información está en ti.

Estás fabricando tu experiencia segundo a segundo, de acuerdo con las programaciones que se albergan en tu mente. Cuando empiezas a observar ese repertorio de programas, cuando tienes el valor de pararte como el observador consciente de tu experiencia, esas programaciones empiezan a desplomarse, pues notas que no hacen parte realmente de ti; se trata de un cúmulo de memorias albergadas en tu mente que repite situaciones una y otra vez, y muchas de esas memorias no hacen parte de tu experiencia personal, sino que son memorias familiares, ancestrales, culturales e incluso colectivas. Aquí algunas programaciones:

La vida es una lucha.

La felicidad no existe.

No tengo tiempo.

El dinero es malo.

El gobierno es responsable de la pobreza.

Todo en la vida se consigue con mucho esfuerzo.

Es muy difícil avanzar en la vida.

No puedes ser rico y continuar siendo espiritual.

Debes hacer feliz a tu pareja.

Tener un hijo mejora un mal matrimonio.

Un matrimonio infeliz es mejor que un hogar roto.

Debes transformar a tu pareja en alguien mejor.

No es posible trabajar en lo que me gusta y ganar mucho dinero.

Llegar al éxito es prácticamente imposible.

Llorar es de débiles.

Hay que ganarse el amor de los demás.

Esto es culpa de alguien.

Todas estas programaciones se convierten en mandatos inexorables, algunos de estos guiones pueden irse modificando en el tiempo, pero muchos de ellos se han mantenido a través de los siglos.

Quizá te preguntes cuál es la razón por la que llevas información familiar, social o colectiva en tu mente, y esa misma pregunta genera la siguiente respuesta: *porque somos una sola mente,* somos una sola consciencia fragmentada en muchos cuerpos, somos el resultado de habernos percibido separados del Ser Uno, de la unidad, de la totalidad.

Esta mente es una dinámica red de relaciones, somos hebras de un gran tejido, y es un poco complejo saberse tan infinito dentro de una mente que ha estado identificada con lo limitado, lo individual y lo separado.

El cuerpo es la principal excusa que tiene el ego para hacernos sentir como individuos separados, sin embargo, desde la visión de la consciencia siempre ha sido, es y será un instrumento de comunicación.

Se ha llegado a suponer que nuestra mente se encuentra dentro de nuestro cuerpo, sin embargo grandes investigadores, neurocientíficos o expertos en física y consciencia han afirmado lo contrario, así como el reconocido Alan Wallace, quien dijo: "Nunca he visto una prueba empírica que me fuerce a creer que cualquier acontecimiento mental tiene lugar dentro del cerebro, es decir, que esté alojado dentro del cerebro".

Si lo exploramos a un nivel profundo, la mente no está en el espacio, porque no es un objeto, es el espacio el que está en la mente. Cuando empiezas a observarte desde una consciencia de unidad puedes darte cuenta de que no eres tan solo un ser humano en el mundo, pues empiezas a comprender que el mundo está en tu mente, notas cómo lo que ves es un reflejo de lo que piensas, y observas que a medida que cambias tu percepción acerca de lo que te rodea, lo que te rodea también cambia.

Como es adentro es afuera

Si puedes integrar este principio en tu vida, te habrás hecho consciente y responsable de tu experiencia, y si lo ves desde una perspectiva mucho más amplia, puedes notar que no hay un adentro y un afuera, hay una sola mente indivisible, experimentándose a sí misma.

El estado de nuestro mundo físico corresponde al estado de nuestro mundo interior, en el momento en que nos convertimos en expertos conocedores de nuestra dimensión interna, podemos convertirnos en sabios conocedores del universo que nos rodea.

Lo que de ti surge está hecho para ti, para que en este plano dual puedas observarlo, por eso, si queremos girar lo que vemos en nuestra experiencia de vida, necesitamos ir a los cimientos de la mente, al lugar de donde emerge el mundo material.

Desde dentro se puede modificar todo, solo tú puedes crear nuevas rutas, porque todo está en ti, todo depende de ti y todo vuelve a ti a manera de información. Lo que gestas en tu mente es lo que recibes, lo que no das es lo que te niegas a ti mismo, y lo que entregas es lo único que permanece contigo.

Esta dinámica es como una rueda sagrada, si tienes claro esto sabrás que cada vez que alguien dice algo acerca de ti, siempre estará hablando de sí mismo, pues lo que pueda ver en ti es un reflejo de lo que habita en su propia mente y no ha reconocido. De igual manera, cualquier opinión que venga de ti hacia otra persona siempre estará hablando de ti, así que sé compasivo, porque cada encuentro que tienes es un encuentro contigo mismo.

Cómo te tratarías si tienes la claridad de que el otro está siendo tu propio reflejo, qué le darías o qué le quitarías, cómo le hablarías, con qué ojos le verías. Recuerda que el programa se fía de tu cuerpo para hacerte sentir separado.

Si alguien te ataca afuera revisa en qué te estás atacando a ti mismo, si alguien te miente observa en qué te estás mintiendo, si alguien te roba nota qué es lo que te estás robando. Y si tú sientes que de ti es de quien está surgiendo el ataque, la mentira, el engaño o cualquier acción que estés emprendiendo, date cuenta de que somos una sola mente, todo siempre va a ser hacia ti mismo.

Si quieres verificarlo, observa tu sentir cuando surge de ti una acción que crees que daña a alguien. Experimenta cómo el dolor te invade a manera de ira, rabia o tristeza, y esto ocurre porque nunca nada abandona su fuente; si tienes pensamientos gratificantes frente a alguien, la gratificación es para ti, y si tienes pensamientos amargos hacia alguien, la amargura también es para ti. En cambio, si aprendes a ver el amor que habita en ti, podrás verlo en todas partes, claramente está en todo. No podrás ver tu infinita perfección y completitud hasta que no la veas reflejada en los demás.

Nuestra labor es permitir que la mente retorne a su estado natural, tal y como se creó. El primer paso en esa labor de limpieza mental se encuentra en dejar de creer todo aquello que pasa por tu mente, para el creyente todas sus creencias son ciertas, mas una creencia no es otra cosa que una simple "verdad" personal, y la *verdad*, esa que no proviene de la mente pensante, es una para todos, si no, es porque no es verdad.

Tu Ser no ha dejado de estar en paz, aunque tu mente esté en conflicto. El espíritu no necesita que se le enseñe nada, pero el ego sí. Requiere comprender quién está al mando de tu experiencia, quién dirige tus emociones, pensamientos y acciones. Y tú, como consciencia que eres, debes darte cuenta de quién es el autor del miedo que experimentas.

No permitas que las programaciones gobiernen tu vida. El programa está lleno de mecanismos, ellos hacen que una parte de tu mente parezca una fábrica de opiniones y argumentos, tal vez te veas atrapado en ese enredo mental. Puedes guardar tanta información inoficiosa que has ido recogiendo de todas partes, que seguramente ya nada cabe en tu mente y eso puede hacer que te mantengas muy ocupado. Es como un gran velo que requiere dejarse de lado, solo tú puedes elegir quitarlo, porque has estado aferrado a él desde el momento en que olvidaste quién eres.

No se trata de rechazar la mente programada

Cuando se rechaza, es el mismo programa quien rechaza. La consciencia no, ella es aceptación profunda, acepta incluso hasta la misma falta de aceptación.

En el camino del desarrollo espiritual muchas veces se puede observar la confusión interna que sostienen algunos seres humanos al tratar de evadir, ocultar o cambiar esas programaciones desde un estado de resistencia y rechazo, de hecho esconden la negación con afirmaciones o "pensamientos positivos". No digo que eso esté mal o bien, simplemente, para que una programación no siga dirigiendo tu vida no requieres entrar en conflicto o lucha, solo sé un observador consciente de todo tu campo mental, desde ahí la comprensión de lo que eres podrá mostrarte lo verdadero y lo falso.

Tu luz no deja de estar presente por el hecho de que no la veas, lo que eres ha permanecido siempre inalterable e inmutable; quizás ahora tengas dos nociones de ti mismo en tu mente y claramente ambas no pueden ser ciertas. Una noción te habla de pequeñez y la otra de grandeza.

Permítete ahondar en el conocimiento de ti mismo, escucha y aprenderás a recordarte, la luz que eres permanece en ti sin ser vista, ofrécete la posibilidad de conectar con lo infinito.

> *"El universo del amor no se detiene porque tú no lo veas, ni tus ojos han perdido la capacidad de ver por el hecho de estar cerrados".*
> UCDM Cap. 11, I 5-10

No existe nadie en este mundo que, en al menos una oportunidad, no haya experimentado algún atisbo de ese mundo que se encuentra fuera de su mente programada. Lo que te ofrece esta mente es un universo de escasez, por ello te embarca en esa carrera frenética del hacer, del tener, del poseer, pues te afirma que ahí encontrarás tu valor, y lo que no sabes es que tu valor ya te fue dado incluso antes de que llegaras a este mundo.

La mente programada siempre te hará creer que sabe, sin embargo, la oscuridad no puede iluminar tu entendimiento. El ego cree que sabe, pero no sabe. Le encanta mostrar que sabe y en realidad no sabe. Cuando le atiendes es como si estuvieses tratando de enseñarte a ti mismo lo que no sabes. Los grandes sabios son tan sabios porque no se olvidan que no saben nada, y cuando lo hacen se abren a saber realmente, se abren a aprenderlo todo, a recibirlo todo. La paz y la sabiduría van de la mano, no existe una sin la otra.

El único objetivo de que seas un observador consciente de lo que habita en ti, es que puedas retornar a tu estado natural de paz, hace parte del proceso hacia tu maestría interior, experimentarte fuera de esas programaciones, ahí es donde en realidad te encuentras, es donde realmente puedes sentir tu verdadera identidad.

Vivir basado en programaciones mentales es vivir desde la inconsciencia, como en una especie de letargo mental que nos aleja de lo esencial. Las programaciones mentales solo son opciones de ver, sentir y pensar el mundo.

Revisa cuáles son las opciones que están habitando en ti. Siguiendo la analogía de la computadora, qué programaciones (si es que eliges tenerlas) descargarías en ti. Y si vamos un poco más profundo, qué crees que pasaría si dejas de lado las programaciones y te percibes únicamente como ese gran hardware, como esa gran mente limpia y original, solo dejándote regir y guiar por el patrón de la vida, el patrón de la consciencia plena, de la mente universal.

Todo en la naturaleza sigue una programación, un patrón, solo observa, las hojas de un helecho, por ejemplo, desde la más pequeña hasta la hoja más grande siguen el mismo patrón, los patrones en forma de red que nos muestran las telas de araña, las colmenas de las avispas. Hay una gran sabiduría albergada en esos patrones naturales.

Todo es matemática pura, códigos sagrados. Todo lo que existe, existe porque está siendo pensado por alguien. La verdadera curación de la mente se da cuando contemplamos los patrones dirigiendo, y desde ese punto de claridad podemos comprender y notar si son necesarios. Si la mente requiere seguir andando en automático, o si le ponemos vida y consciencia a nuestra experiencia.

Tenemos una gran cantidad de programas que compartimos, recordemos que somos una sola mente, y desde ahí algunos de ellos han estado operando a manera de virus mentales colectivos. Entre ellos los más extendidos son la culpa, el victimismo, el miedo y el juicio.

Cuando ya eres consciente de que has estado direccionado por una serie de programaciones, has entrado en terreno de lo divino. Y cuando hablo de lo divino me refiero a *la divina voluntad de elegir.* Consciencia sin acción no funciona, y la primera acción que requiere ser tomada es la elección.

Seguir atendiendo a la mente programada es una opción, pero también lo es atender a tu verdadera mente. Esto es algo que no puede ser postergado, porque el ego lo primero que va a hacer es llevarte a dilatar esa elección. Esta decisión debe ser tomada en el ahora, pues es el único instante real, y luego se ha de extender de momento a momento.

No es posible que atiendas a dos sistemas de pensamiento o a dos mentalidades diferentes, porque son totalmente contradictorias. O escuchas a una, o escuchas a la otra. De acuerdo con la decisión que tomes, así será el mundo que verás reflejado ante tus ojos.

Puedes sentir que salir de ese sistema de pensamiento es como dar un salto al vacío (eso es lo que va a mostrarte el ego), sin embargo, el camino a la totalidad es justo ese momento en el que nos desprendemos de lo que creemos ser, para recordar aquello que somos. Es un vacío que está totalmente lleno, lleno de nosotros mismos. Es un camino donde es requerida la *voluntad*, y esa voluntad te otorga el valor para que vayas en dirección a ti.

Si has elegido la ruta de la claridad y la libertad mental, necesitarás también mantener tu *atención* y tu *energía* orientadas a ese propósito. Has llegado a un instante de centramiento y expansión, no requieres preparación, simplemente sentir la certeza de que ya es momento.

Sé que puede parecer simple sostener el viejo camino, pero siente ¿qué tan simple puede ser vivir esclavizado a programaciones de dolor, sufrimiento, carencia o culpa? Lo que ocurre es que hemos estado tan sumergidos en este tipo de mentalidad, que hemos llegado a creer que es normal, y realmente no hay manera más anormal y antinatural de vivir que creer que nuestra existencia es toda una lucha interior y exterior.

Meditación

No soy un puñado de programaciones

Paola Hun

Llegué a este mundo y ya tenía un nombre, pronto, también quisieron empezar a definirme. Me etiquetaron quizá cientos de veces: lindo, feo, tímido, hiperactivo, hermoso, tonto, bueno, malo. Me castigaron y luego también me premiaron. Me enseñaron a otorgarle un significado a cada cosa e incluso a cada persona. El mundo dejó de ser neutro porque empecé a programarme con conceptos aprendidos acerca de mí mismo y de todo lo que me rodea, y desde ese entonces creí que era verdad, por el simple hecho de tener esas ideas en mi mente.

Me contaron acerca del amor, mas a veces podía ver cómo también dolía, y pronto empezó la confusión y el conflicto. Inconscientemente asumí que si el amor duele, entonces duele la vida. He visto y explorado el amor desde la perspectiva del ego, él me ha dicho que ame, pero que puedo perder ese amor, y eso me ha generado miedo. Ahora estoy dispuesto a recordar que miedo y amor no pueden ir juntos, porque uno es real y el otro es ilusión.

He personificado diferentes roles, he hecho varias cosas y he buscado encontrar un propósito, me he distraído con infinidad de objetivos fabricados en mi mente, y me he olvidado del propósito fundamental de la vida: ser experimentada en plenitud.

Las programaciones me han alejado de la verdad, he creído que no soy lo que soy realmente. Me he puesto en estado de guerra conmigo mismo y con el mundo. Ya puedo comprender que la verdad es mi herencia, pero me había desheredado a mí mismo con mi fe ciega sobre lo que tenía en mi mente.

No soy un puñado de programaciones, estoy listo para sanar, para corregir la percepción que tengo de mí y del universo que me rodea, para liberar tantos condicionamientos y limitaciones, y permitir que se deshaga todo aquello que me aleja de mi estado natural: paz, felicidad y dicha.

CAPÍTULO 3.

EL LENGUAJE DE LA MENTE PROGRAMADA

Reconocer la locura es, por supuesto, el comienzo de la sanación y la trascendencia".
Eckhart Tolle

El ego intenta comprender todo porque no sabe nada, la comprensión no está a su alcance, pues para llegar a estados de absoluta comprensión es requerida la sabiduría o el conocimiento de la verdad, y por supuesto esta mentalidad carece de esos dones, básicamente se encarga de asociar y almacenar pensamientos.

Para comprenderlo de una manera más clara, podríamos decir que el ego es una idea en la mente, es una percepción errónea de nosotros mismos. A partir de esta falsa percepción se genera el sufrimiento humano. Observa cómo todo conflicto interno se fundamenta en la necesidad de ser especial, te has desconectado tanto de tu grandeza que internamente empiezas a inventar un personaje que, a criterio del ego, "sea digno de reconocimiento y atención". Con ese objetivo, lo que empezó como una pequeña idea en tu mente fue adoptando todo un lenguaje, el cual en algún momento o quizás aún, sigues tomando como propio.

El ataque o castigo

El ataque es una creencia, una programación más. El ego cree que puede herir y ser herido. Para atacar de una u otra manera, tienes que creer también que estás separado de quien atacas.

Y si el ataque fuera real, a quien atacas es a ti mismo. Somos unidad, todo siempre es contigo y hacia ti. La guerra es la garantía de la supervivencia del ego, pues este se alimenta del conflicto.

No puedes ser herido, tu esencia siempre permanece intocable, el cuerpo puede ser atacado, tu mente no, a menos que tú creas que es posible. La mente dividida necesita el ataque para sobrevivir, sin darse cuenta que entre más ataca, más refuerza eso contra lo que está en guerra.

El programa te dice que si atacas, las cosas funcionan "mejor", por lo tanto, trata de enseñar, ajusticiar e incluso motivar por medio del ataque o el castigo. La agresión que vemos en el mundo, unos países contra otros, ataques entre religiones, partidos políticos y hasta en los equipos de fútbol, proviene de ese lenguaje aprendido que tiene todo un menú de opciones o de formas que toma el ataque, aquí veremos las más comunes.

La comparación

Comparar es ponerte *en contra* de una persona o situación, es una forma disimulada de atacar o de atacarte, es uno de los lenguajes que usa el ego para separar, para hacerte sentir superior o inferior. Cuando no comparas, toda superioridad e inferioridad dejan de existir, comprendes que todo es necesario, desde lo más pequeño o simple, hasta lo que puede parecer más grande o complejo, hace parte de una unidad donde todo cuenta.

Detrás de esa comparación hay una búsqueda de amor, porque lo has puesto fuera de ti. La comparación es falta de amor, de aceptación. Crecimos bajo este lenguaje, desde el colegio, en casa, en el trabajo, con la pareja. A veces a quienes peor tratamos es a quienes más decimos que amamos.

El ego arremete contra el otro, la comparación es una clase de juicio, es excluyente, es una barrera que divide. Hay personas que afirman no juzgar, mas consciente o inconscientemente comparan todo el tiempo. Se ha convertido en un hábito inútil, el programa siempre necesita evaluar cómo le va en relación con los demás, es una actividad que resulta desgastante y abrumadora.

La comparación es una de las maneras como fácilmente puedes salirte del instante presente. Una de las dinámicas más habituales es comparar no solamente personas, sino también el pasado con el presente; te pierdes de los regalos que trae cada instante, porque de una u otra manera la comparación es un rechazo a lo que *Es*.

El juicio

Cuando juzgas o te juzgas es porque en ti habita la programación o la creencia de que falta algo. Desde ese punto estás negándote a reconocer tu grandeza y la de los demás. El ego hace que percibas cualquier parte de la creación como imperfecta, indeseable o inadecuada.

"No compartas sus ilusiones de escasez, pues, de lo contrario, te percibirás a ti mismo como alguien necesitado".
UCDM Cap. 7, VII, 7-8

Si hay un juicio afuera, hay un juicio dentro, hacia ti mismo y muy profundo. El juicio aparece como la total falta de comprensión, cuando no comprendes algo, lo juzgas. Un sinónimo de consciencia es la comprensión. Solo puedes comprender cuando conoces, y solo puedes conocer cuando estás en presencia de la verdad.

El juicio es un estado de ignorancia, liberar los juicios es transformarte de manera genuina en un ser amigable y receptivo, dejas de tener tu mente tan ocupada y agresiva, y te enfocas en aceptar y experimentar paz. Al juzgar nos estamos causando sufrimiento, pensamos que hemos condenado a algún "otro", sin embargo, estamos condenándonos a nosotros mismos. Compruébalo también experimentando tu sentir cuando juzgas.

Si te sintieras lleno y pleno de amor, no tendrías necesidad de juzgar nada, el juicio es un estado de rechazo, de ausencia de amor, es vivir en lucha y en combate, separados de nuestra esencia, siempre dispuestos a castigar o a esperar el castigo. Lo que nos dice la paz es que todo está bien, no hay nada inadecuado, inoportuno o imperfecto. La mente programada no puede comprender esto.

El amor es total, los juicios no nos permiten reconocer lo que somos, lo que son los demás, no nos permiten amar realmente. El amor real no intenta cambiar a nadie, cada vez que juzgas estás experimentando falta de amor. Empiezas a tener fe en tus opiniones y crees que el juicio es un argumento de mejora. No eres incorrecto, el otro tampoco, ni mucho menos este momento.

La carencia

La carencia es el estado convencional del programa. Al no saber quién es, trata de buscar la satisfacción en todo porque nunca se siente abundante ni pleno. Siempre hay algo que falta, nada es suficiente, es lo que hace que percibas continuamente una sensación de vacuidad álmica (vacío de alma). Si te identificas con el ego no hay manera de que no sientas un vacío, pues él es eso, ilusión. Es ahí cuando, desde esa postura, tratas de llenar vacíos que jamás tendrán modo de ser llenados. Habrá quienes intentan completar ese estado de carencia con drogas, comida, sexo, compras, trabajo excesivo y conocimientos, incluso se aferran emocionalmente a personas, mendigan amor y hacen turismo espiritual, de religión en religión, de práctica en práctica o de curso en curso.

Es una condición de desconexión total, es una percepción inconsciente de separación de la fuente, acompañada de una sensación oculta de abandono. Por esta razón vemos cómo en las relaciones de toda índole las programaciones mentales llevan al deseo de sacar siempre provecho del otro, ya sea física, material, emocional, e incluso energéticamente. Siempre se busca una oportunidad de ganar algo: atención, reconocimiento, cariño, dinero, seguridad, en fin, todo aquello que no ves en ti, todo lo que crees que no se te dio. Permanentemente buscarás hacer responsables a los demás de suplir esas necesidades e insatisfacciones.

Permanecer en un estado de carencia genera un intenso agotamiento interno, porque siempre te lleva a la búsqueda. Quien duerme seguirá buscando fuera, y obviamente es una cacería interminable, desde ahí no se puede fluir, es como convertirse en una "vieja pasa seca". Toda esa escasez no es más que otro condicionamiento mental. En la verdad, somos abundancia, estamos completos, llenos, y si hay algo que estemos requiriendo, llega, y si no llega es porque realmente no es necesario.

Carencia también incluye ver a los demás como carentes. Si vemos carencia en el otro, independientemente de la situación por la que esté atravesando, estamos careciendo de una verdadera visión, no estamos viendo la grandeza que habita ahí, nos hemos dejado llevar por el mundo de las formas. Si quieres ayudar a alguien que creas que está en un estado de carencia, no lo reafirmes en esa postura, elige verlo poderoso y le estarás ayudando no solo a sanar su mente, sino la tuya también. Quien despierta empieza a viajar hacia adentro, no vive al mínimo sus posibilidades, las vive al máximo y es ahí cuando puede *darse cuenta* de que la carencia jamás existió.

El esfuerzo

¿Crees que un fruto que se forma en un árbol, el florecimiento de una rosa o los rayos de sol, se generan con esfuerzo?

Esta conversación del programa ha generado mucho padecimiento en los seres humanos. La *ley del esfuerzo* es la antítesis del flujo de la naturaleza y del flujo de la vida.

El fruto del árbol tampoco cae por la fuerza o el esfuerzo que hizo para desprenderse, sino debido a que el árbol ha reconocido su madurez y simplemente lo suelta. No estoy hablando de inacción, hablo del sufrimiento que muchas veces está implícito en tu vida mientras intentas conseguir algo.

Se trata de aprender a ejercer la actividad perfecta, que es esa que se lleva a cabo en armonía del cielo con la tierra, esa actividad carece de la violencia que acompaña toda intención de suplir necesidades y deseos particulares.

La vida transcurre sin esfuerzo
Sin embargo, no hay cosa que no haga

La idea del esfuerzo también se alberga en la mente, pues a nivel inconsciente está anclada esa profunda creencia en la soledad (motivo de una mente separada), por esa razón se genera tanta dificultad al momento de abrirse a esa inteligencia superior que nos acompaña, y que hará que queramos fabricar realidades, sin comprender que las verdaderas creaciones son actos cocreados.

Detrás de la creencia en el esfuerzo, en el inconsciente colectivo, también está la creencia de que la vida es una lucha, y eso de una u otra manera nos ha dispuesto a la lucha, como si todo fuese un campo de guerra. Lucha por el amor, lucha por un trabajo, lucha por el éxito, lucha por ser abundante, y paradójicamente, a un nivel profundo, estamos creyendo que tenemos que luchar para estar en paz.

En esa batalla constante perdemos fácilmente nuestro centro, dejamos de estar enraizados y conectados con esa vasta energía disponible que habita en nosotros, y que puede encontrarse en medio de la calma y el silencio. La labor está en aprender a permanecer en esa fuente, la que se encuentra en la calma, con espíritu sosegado descansar en ella, y ella a su vez se encargará de llevarte al encuentro con tu verdadero potencial, sin esfuerzo.

El sacrificio

El programa te dice una y otra vez que el amor es sacrificio, lo cual genera una dualidad profunda en la mente, porque entonces ¿si el amor duele, qué podemos esperar? Esta idea es tan loca como pensar que amar no es gratis, que tiene un precio, y en muchos casos un precio muy alto. La idea de convertir amor en sacrificio es sumamente tóxica. A nivel interno, el amor dispone de apertura, confianza, libertad. El sacrificio en cambio te cierra energéticamente, genera inseguridad y esclavitud.

La plenitud se encuentra al otro lado del sacrificio, no puede existir paz donde hay dolor. El amor no llega como regalo por un duro trabajo, al amor es tuyo ahora, te pertenece porque te habita.

A menos que no abandones la idea del sacrificio, no podrás encontrar el amor verdadero. El amor viene del espíritu, el sacrificio del ego, es una conveniencia social, es aplaudido, aunque es una forma de manipulación. La sociedad quiere esclavos, no personas comprometidas con la libertad.

El victimismo

Cuando una persona toma el papel de víctima, está renunciando a la autoridad que habita en ella, es una falsa adaptación de supervivencia. Si alguien se encuentra en esa postura es porque cree que algo está ganando. En realidad, es una de las formas de autoataque enmascarado en una fachada de comodidad, es autoinflingirse con pensamientos del pasado, y una renuncia a la paz y la libertad.

La mayoría de seres humanos crean toda una historia de victimización, acerca de la relación con sus padres, hermanos, su pareja y su trabajo; es una manera cómoda de dejar de asumir la responsabilidad de lo que se experimenta y de las decisiones que se toman.

El victimismo se fundamenta en la creencia de que se puede ser tratado injustamente, tocado o lastimado, de hecho, muchas religiones que promulgan a un dios castigador hacen que inconscientemente sus creyentes tomen la postura de ser víctimas de castigo. A mayor victimismo, menor consciencia.

La cabeza de una víctima está llena de mecanismos que buscan mostrarlo como un verdadero doliente. Si hicieras el ejercicio por algunos minutos de grabarte en un audio al estar a solas y concederte el permiso de decir y expresar todo lo que pasa por tu mente, sin censura ni control, podría sorprenderte la facilidad con la que tomas una postura victimista frente a muchas situaciones de tu vida. Asegúrate de no estar atrapado en victimismos, pon atención a la forma como estás eligiendo verte, sé una luz y no oscuridad para ti mismo.

El intercambio

La mente programada no conoce el verdadero significado de dar, para ella todo es un negocio, te doy si me das o dame y te doy. El ego no puede comprender el goce que trae el dar, ese entregar liberador, libre de juicios de quién merece o no merece recibir. Para el programa dar es perder, esa idea de separación dice: si el otro tiene más, es menos para mí.

El amor ha dejado de ser amor para convertirse en un intercambio, en una negociación, ya casi nadie ama por el simple hecho de sentir el amor surgir, porque si no se es amado al mismo tiempo, hay dolor. Se ha elegido percibir el amor dual, irreal, acompañado de miedo, lejano a la inocencia y a la grandeza del amor real.

El intercambio muestra la total incomprensión de la abundancia, en cambio, en el acto de dar entras en la esencia de la extensión de la fuente, de la consciencia suprema, que te da totalmente lo que Es y lo que eres.

En el momento en que empiezas a dar sin esperar, toda la carga que soporta tu corazón desaparece, todo ese miedo a la vida y al amor se desvanece, empiezas a vivir más ligero y menos expectante.

La culpa

Debajo de todas las programaciones que podamos encontrar, la culpa es una plaga mental que puede encontrarse muy oculta en el subconsciente, no solamente individual, sino colectivo.

Tiene su origen en la idea de separación, y como consecuencia de ese pensamiento aparece la culpa, a modo de respuesta, ante la creencia de habernos alejado de la unidad (Dios).

Nuestro viaje espiritual es de la culpa a la luz. La culpa es el sistema de mejora que tiene el ego, te dice que debes sentirte profundamente mal por ser erróneo, para que cambies y para que "mejores". Es su lenguaje predilecto para esclavizar, hemos estado acostumbrados a vivir con cargas, a culpabilizarnos y a sentirnos culpables; la consecuencia de la culpa siempre será el ataque, el conflicto, el miedo, la separación.

Está tan extendida la culpa en la mente humana que puedes observar tus relaciones y notarás que todas, sin excepción, albergan culpa. Es el mayor error de percepción, el programa te dice que alguien debe ser culpable de lo que está ocurriendo, y si no es afuera, la proyecta dentro, en ti.

Para que haya culpa, antes debe haber juicio. La culpa es la sentencia, la condena en el mundo de la ilusión, es la negación a la verdad, la negación al amor, desde ahí jamás podrás experimentar un estado de completitud ni sentirte unido a la totalidad.

La sabiduría más grande la encuentras cuando te percibes y percibes a los demás como seres libres de culpa, inocentes. La liberación de este sentimiento te lleva a un estado de realización interior, ese es el verdadero éxito que puedes alcanzar en este mundo. Mientras exista culpa el viaje no habrá terminado, volverás una y otra vez a hacer el intento de pagar lo que crees que debes y eso no te permitirá explorar el cielo que habita en ti. En el amor no existe la culpabilidad.

La pequeñez

No se puede experimentar que lo supremo fluye y habita en ti desde un estado de pequeñez. Ese sentir existe cuando no has encontrado tus raíces, cuando tienes un desconocimiento total de tu verdadera naturaleza.

No eres el cuerpo, eres la mente, esa que trasciende toda dualidad, sin embargo, sin estar enraizado es fácil identificarse con la pequeñez. Al abrirte a la grandeza, tu ser interior se encuentra recordando la verdad, empiezas a desarrollar una nueva visión acerca de ti mismo y de los demás, tu consciencia se expande en coherencia con esa magnificencia de la cual provenimos.

No puedes confiar en tu intuición y en tu guía interior desde un estado de pequeñez, la verdad de tu ser más profundo está tratando de indicarte hacia dónde ir, las indicaciones siempre son claras, pero puede que no las escuches porque has estado muy acostumbrado a seguir las señales externas, y quizá te ha costado reconocerte.

En pequeñez no hay paz, no hay amor, pues sentirás que no lo mereces. Cada decisión que tomas proviene de lo que crees ser.

No te mires y no mires a nadie con la idea de pequeñez, al afirmarla en otros la reafirmas en ti.

La mente programada pone límites a todo, pero la realidad es que la mente en un estado de consciencia no puede tener ningún límite. Desde la pequeñez todo lo que llega a ti es pequeño, mientras cielos y más cielos están a tu disposición para que vueles. La pequeñez es tu imposición sobre tu libertad, tus posibilidades y tu infinito potencial.

La grandiosidad

La grandiosidad no es grandeza, la grandeza proviene de la consciencia de reconocer quiénes somos y de dónde venimos, en cambio, la grandiosidad es la alternativa que ofrece el ego para desviar tu atención en la búsqueda de tu verdadera grandeza.

La grandiosidad se basa en la competencia, es una forma de ataque y viene de la carencia, de la sensación de pequeñez con la que se alterna continuamente. La grandeza viene del amor, la grandiosidad del orgullo y la arrogancia.

Es ilusoria, su propósito es reemplazar tu grandeza, pero eso no es posible, porque ya te fue dada. En el fondo de la grandiosidad hay un vacío, un torbellino oculto que quiere parecer algo, pues quien no sabe quién es, siempre deseará ser alguien en la vida.

El ego le teme a la grandeza, y te hará pensar que creer en ella es ser arrogante, mientras que tu grandeza es tu abundancia. La grandiosidad es como un sueño infantil, al que muchas veces nos aferramos ignorando la realidad de nuestra propia riqueza interior.

Podemos ser lo suficientemente valientes para asumir la responsabilidad de lo que somos y vivir nuestra verdad. La gente tiene miedo de quien se conoce a sí mismo, porque sale de sus prisiones mentales y ya no puede ser esclavizada.

El especialismo

El especialismo es la búsqueda básica e incansable del ego o el programa, en ella se trata de arraigar y mantener la idea de la separación en tu mente, y su objetivo es que te sientas diferente, "para bien o para mal", pero diferente.

La consciencia suprema sabe que no existen diferencias, en una mente despierta no hay cabida para especialismos, porque conoce y vive en la unidad, ignora esas ideas rígidas y caducas de lo bueno y lo malo, de lo aceptable y lo no aceptable, de lo moral o inmoral. Todos estos juicios mentales no son más que condicionamientos que nos impiden experimentar la verdadera belleza, igualdad y divinidad que habita en nuestro interior.

La mayoría de las actividades que un ser humano hace en su día a día tienen la reservada intención de hacerlo ver o sentir especial. Podemos notar también cómo tantos puritanos, moralistas o los mal llamados "buena gente" persiguen la manera de ser diferentes, y la consciencia, en cambio, deja de necesitar lo falso, porque sabe que no hay un "otro" ante el cual deba parecer especial, particular, singular o único. Sabe perfectamente que todos somos expresiones auténticas de la unidad.

El especialismo aparece como una defensa a la pequeñez, tiene valor solamente para la mente que interpreta, pero no es real, es un reflejo de la mente que está interpretando. Para que exista el especialismo debe haber un juicio, es una connotación más del olvido, del vacío de identidad.

La vida fluye con más armonía cuando dejamos de sentir divisiones, y asumimos que todos estamos participando, del modo en que nuestra conciencia nos lo permite, en nuestro viaje de regreso a casa. Cada uno de nosotros tiene su propia belleza, pero cuando se funde con la totalidad, es perfecta.

"La muerte de tu especialismo no es tu muerte, sino tu despertar a la vida...".
UCDM Cap. 24, II,14-4

La manipulación y el control

Existe una compulsión de la mente programada por intentar controlarlo y manipularlo todo para que sea diferente a como está siendo, o a lo que se cree que va a ser, esta necesidad aparece por un profundo miedo y desconfianza en la vida.

Tratas de controlar o de controlarte, y en cualquiera de los dos escenarios no hay plenitud. Esta dinámica hace que se sostenga demasiada actividad en tu mente, generas todo tipo de estrategias que incluyen el juicio, el victimismo, el miedo, sacrificio, entre otros.

Al ego le resulta imposible abandonarse a la simple libertad de permitir que la vida surja espontáneamente, obsesivamente tratará de cambiar su dirección, de correr más a prisa que la vida misma para poder intervenir, y cuando observe que fracasa en sus ideas de control, sentirá una gran insatisfacción, pues no logra comprender que no hay nada que pueda controlar.

Mientras se intente controlar y manipular afuera, no se ha emprendido el viaje hacia adentro, no se ha comprendido aún que somos la fuente de la realidad que vemos. Cuando los deseos de querer cambiar las circunstancias externas desaparecen, ya estás dentro, es lo que se llama "ir hacia adentro", y en realidad no se trata de un ir, sino de no salir.

Lo que te corresponde llega a ti cuando es el momento. Hemos olvidado cómo vivir, lo queremos todo a nuestra manera, creemos saber qué es "lo mejor o lo peor" que puede pasar, sin embargo, ¿cómo podríamos saberlo? La vida te ofrece mucho más que el hecho de llevar las riendas de las cosas.

El conflicto

Todo conflicto está en la mente, llegamos a pensar que nuestro conflicto es con otra persona o con una situación, pero la relación que tenemos con cualquiera de las dos se establece dentro de nosotros. No se trata de la relación que crees que tienes con una persona, se trata de la relación que has establecido con ella en tu mente, basada en percepciones, interpretaciones y programaciones. Tampoco es la situación, es cómo has elegido percibirla e interpretarla.

La mente tiene la capacidad de crear todas las experiencias que creemos vivir; vivimos en constante relación, pero en realidad siempre estamos relacionándonos con nosotros mismos a través del otro.

Toda percepción genera una interpretación, toda interpretación trae un pensamiento, todo pensamiento lleva a una emoción, y toda emoción invita a una acción u origina un deseo.

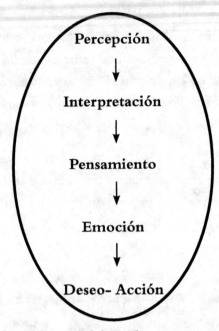

Por lo tanto, para liberarse del conflicto no se requiere cambiar de comportamiento, sino cambiar de mentalidad, lo cual conlleva un cambio en la percepción. Un verdadero cambio de percepción transforma todo el tren de pensamiento, y eso se verá reflejado en tus acciones, deseos y comportamiento.

Para aprender a salir del conflicto será necesario el apoyo de quien está fuera de él, y tendrás que recurrir a esa parte de tu mente que no sigue reafirmando la idea del caos, que no le da poder a lo que no es real.

No lleves lo deseable a lo indeseable, lleva más bien ese conflicto a la parte lúcida de tu mente, haz un acto consciente de entrega para que la verdad que habita en ti se ocupe y puedas ver con otros ojos.

También tienes que estar dispuesto a cuestionar cada uno de tus pensamientos, para que puedas notar de dónde provienen y para dónde te llevan, así sabrás qué mentalidad te está dirigiendo.

La mente programada lucha por salir del conflicto desde el conflicto, y para salir de ahí deberás ver todo el conflicto que habita en tu mente y esa sensación interna de ser amenazado todo el tiempo, lo que te lleva a una postura de ataque constante. El conflicto no va a sacarte de ahí, tú haz de atravesarlo, no evadirlo, hay que cruzarlo mientras se observa el sistema de pensamiento que lo origina.

El miedo

Te da miedo sentir miedo, aunque llevas mucho tiempo sintiéndolo; lo que ocurre es que no lo has hecho de manera consciente para que puedas ver que está existiendo porque lo estás fabricando, él no existe por su cuenta.

El miedo es un estado autocreado, nace de la mente humana, por lo tanto, es ahí donde puede desaparecer, no a través del rechazo, sino de la integración, sin deseos de cambiarlo o de que desaparezca, pues estarás reafirmándolo como real. Relaciónate con él, obsérvalo, pero no crees un matrimonio. Requieres valor para verlo y para notar cuántas veces has sentido miedo sin ninguna necesidad.

Cuando aparecen los miedos es porque estamos proyectándonos en el futuro, al tomar un pensamiento pasado, hemos salido del instante presente. Fácilmente llegamos a pensar que las personas, las situaciones o el mundo que vemos son los que nos generan ese miedo, mas el miedo no está afuera, está adentro, por eso ningún remedio que no sea la introspección va a surtir efecto.

Libertad es ausencia de miedo, cada miedo es una pequeña o una gran cárcel. Darnos cuenta de que en nuestra vida existe un miedo es el preámbulo para que pueda disolverse. Me doy cuenta y lo acepto. La observación y la aceptación hacen que el miedo se disuelva.

Los miedos provienen de una absoluta desconfianza en la vida, y entre más confiamos en la vida, más alineados estamos con nuestra divinidad. Ante el miedo la acción no está en la resistencia, porque no habrá otra cosa que persistencia.

Este sentimiento va en contra de nuestra propia naturaleza, en lo profundo, oculta en una parte esa idea inconsciente de separación, de ahí proviene toda infelicidad, toda duda y todo miedo. Cuando te permitas observar el origen de tus miedos podrás darte cuenta de que aquello que has estado esquivando por tantos años, en realidad no existe.

La duda

La duda se origina por la idea inconsciente de que podemos llegar a perder algo, pensamos que elegir una opción es perder otra, y eso lo acompañamos con un gran miedo a equivocarnos.

La duda forma parte de la vida al hacer parte de la mente pensante. El único que siempre pregunta es el ego, y también es el único que duda, porque claramente no sabe. Sin embargo, desde la consciencia podemos darle otro significado a la duda, esta puede ser usada como medio para expandir la perspectiva y la visión por medio de la indagación.

A partir del programa, la duda siempre te pondrá en una postura pasiva o paralizante, porque se identifica profundamente con las situaciones que experimenta. Desde la consciencia, la duda se observa mediante una postura activa que estimula la creatividad o los descubrimientos. Desde este punto, como lo afirmaba Descartes, la duda puede ser el principio de la sabiduría, porque no genera cierre, sino apertura.

En muchas oportunidades la mente puede parecer una plaza de mercado, se llena de opiniones, de pros y contras, sin embargo, cuando somos conscientes y sabemos que no sabemos, es cuando la verdadera inteligencia interviene. Pero para ello requerimos estar dispuestos a soltar. Muchas veces la única manera de salir del dilema es cuando te sueltas de los dos extremos al tiempo. Soltar la duda, dejar obrar, permitir que el universo te hable, es un acto de profunda entrega, confianza y conexión.

La necesidad

La necesidad es una de las formas como la mente programada demuestra que nunca está satisfecha con el instante presente o con la vida misma. Detrás de las necesidades del ego siempre hay dolor, sufrimiento y escasez.

El ego generalmente va a inventar muchas necesidades, las adicciones incluso vienen de deseos distorsionados, has creído que requieres de ciertas cosas para sentirte completo. La consciencia no pide nada, ya sabe que tiene todo y es todo, es consciente de su propia abundancia.

Al creernos necesitados estamos pidiendo un mundo de necesidades. Se puede desear sin ser esclavo de los deseos, de lo contrario, ya se convierten en una necesidad. Puedes sentir que necesitas muchas cosas diferentes, todo esto llega para distraerte del verdadero deseo de tu alma, que es recordar la verdad que habita en ti. La mente se mantiene muy dispersa y engañada en el mundo de las necesidades, por ende, es nuestro trabajo conservar la atención a aquello que creemos necesitar y de dónde viene esa petición.

Es oportuno observar qué necesidades son requeridas y nos acercan a la realidad, y qué otras necesidades o deseos son innecesarios y nos alejan de la verdad.

El resentimiento

El resentimiento es la evidencia de la resistencia que genera el programa frente al sentir, de ahí su nombre: re-sentimiento. Hay algo que no fue sentido en su totalidad, nos habla de una emoción reprimida que quedó como un bucle, se repite una y otra vez, trata de ser atendida, experimentada.

Las causas del resentimiento generalmente están relacionadas con sentimientos de inferioridad o humillaciones que desencadenan una postura de inseguridad agresiva, capaz de ocasionar una sensación de amenaza constante. Desde este sentir distorsionado, te aferras al pasado con amargura, tu corazón permanece cerrado y te sientes prisionero de viejas historias, fácilmente puedes convertirte en esclavo emocional.

El resentimiento es un ataque mental sistemático, una autoagresión. Cuando hay amor no puede haber cabida para resentimientos, es un sueño de odio, es una manera de destruirte. Todo lo que sucede dentro de ti es tu creación y es para ti.

Meditación

Me libero de la locura
Paola Hun

Me libero de la locura, en realidad nunca me perteneció, me encontré confundido, mi voz en algún momento pareció anularse y empecé a escuchar más lo que se decía afuera que mis propios susurros, aprendí un lenguaje demente, un lenguaje lleno de dolor y miedo. Empecé a llamarme a mí mismo sin poder escucharme, mi verdadero lenguaje quedó enterrado entre frases, pensamientos y palabras de conflicto, miedo y culpa.

Hoy me declaro libre de la locura, porque no hay mentiras que la luz no pueda disipar, para llegar a lo que Es debo descubrir lo que no es, hoy renuncio a este viejo y distorsionado lenguaje, lo llevo ante la presencia del amor, quien se encarga de deshacer lo irreal. Comprendo que esta manera de comunicarme conmigo mismo y con el mundo refuerza en mi mente la creencia en la separación, por eso hoy alineo mi mente a la mente de Dios.

Ahora estoy decidido a que nada se interponga en mi avance, elijo no distraerme más con conversaciones que no provienen del centro de mi corazón. Mantengo amplia mi visión y aguda mi atención. Hoy en mi mente empieza a florecer un nuevo lenguaje, ese que proviene de la claridad y la paz. Comprendo que no hay diferencias, existe una energía intangible que une todo lo que se ha creído separado, ahora tengo la posibilidad de hacer más profundos mi consciencia, mi entendimiento y mi compasión por los demás.

Este es mi momento de trabajar en el silencio, llegó la hora de observar y trascender el lenguaje de la mente programada, bajo una perspectiva desapegada que no se enfoca en determinados objetivos, sino en la paz que puede traer la consciencia de cada instante, ese es el gran resultado.

CAPÍTULO 4.

MAESTRÍA EMOCIONAL

El arte de sentir

Ser feliz es muy sencillo, lo que es difícil es ser sencillo".
Proverbio Zen

Todo miedo que se aloja en la mente humana se basa en el miedo a sentir. No tenemos miedo a determinadas personas o situaciones, tenemos miedo a sentir lo que creemos que podemos *sentir* frente a ellas. Hemos sido educados para tratar de no sentir, para reprimir.

No llores.

No estés triste.

No es bueno sentir rabia.

Esto genera una tensión interna que se ve reflejada en nuestro estado mental, emocional y biológico. En un gran número de oportunidades, a partir del síntoma o la enfermedad, el cuerpo nos muestra qué es lo que no hemos atendido emocionalmente.

Se le ha dado tanta importancia al intelecto que el sentir se ha quedado relegado. Abrirse a sentir es bajar de la mente al corazón, es expresión absoluta, fuera de razonamientos y análisis.

Si eres una persona con alta sensibilidad, puede que hayas aprendido a bloquear tu sentir para no sufrir, lo que en realidad genera sufrimiento porque te encuentras cerrado a la vida. También hay fantasmas mentales de experiencias previas que permites que permanezcan en ti y se adueñen de tu experiencia, como el fantasma del rechazo, del abandono o de la soledad.

Se ha tornado en todo un reto abrir nuestro corazón al contacto profundo y genuino, por esta razón las relaciones se vuelven tan conflictivas, tratan de establecerse desde la razón por el profundo miedo a exponernos, y este miedo radica en la creencia de que podemos ser lastimados. Recuerda que lo que tú eres no puede ser tocado, tu cuerpo puede ser tocado, pero tú no eres tu cuerpo, tu cuerpo es tu medio de comunicación en este mundo.

Las emociones, las más poderosas mensajeras

Abrirse a sentir es sanar, las emociones son las encargadas de mostrarnos qué pensamos, qué interpretamos y qué programaciones existen en nosotros que desencadenan ese sentir, por lo tanto, las emociones son una ruta directa a nuestro subconsciente.

Tus emociones no vienen a incomodarte, vienen a traerte claridad, y empezar a comprenderlo puede ayudarte a tener una mejor relación con ellas. Esto implica que estés atento cuando se presentan, que no las pases por alto, que las observes, y lo más importante: que las sientas.

Rechazar las emociones denota un infantilismo emocional, es un rechazo a verte, a conocerte. No es el otro el que genera esas emociones en ti, son tus programaciones las que responden ante lo que hace o dice ese "otro". Nadie es responsable de tu sentir salvo tú mismo. Siempre que estés atento a tu sentir estarás siendo consciente de ti mismo, de lo que ocurre y habita en ti. Si evitas sentir, evitas darte cuenta, y si evitas darte cuenta, no podrás notar que detrás de cada emoción se esconde la paz, la sanación, la liberación.

Sentir es ser honesto contigo

El programa va a desviarte del sentir, no le interesa que llegues ahí, porque no le interesa que te encuentres, si lo haces, él desaparece. Ha estado a cargo de dirigir tu vida tanto tiempo que quizá no sepas ni siquiera cómo enfocarte en tu sentir, y para ello no hay una forma ni una fórmula diferente que disponerte a ser honesto contigo, permite que surja de ti esa expresión de vida llamada emoción, no pienses en cómo hacer, simplemente no hagas, deja que ocurra, que se manifieste. Desde ese espacio de apertura, tu fondo, tu más profunda presencia, estará ahí como testigo amoroso del proceso y te mostrará la ruta y la transformación de esa emoción en bienestar, calma y plenitud.

No trates de ser espiritual con base en la idea de que hay emociones que no puedes sentir, ser consciente es abrazarlo todo, tal cual surja, sin juicio y sin opiniones de ninguna clase. Una vez sientas de tal manera que veas que no hay nada más por ser sentido, puedes adentrarte aún más en ti para ver qué creencia originó esa emoción, de quién es ese pensamiento, de dónde viene, y lo más importante, verificar si es real y si funciona para tu vida.

Tus emociones no necesitan ser controladas

Tus emociones no necesitan ser controladas, necesitan ser sentidas. El sentir te abre a la comprensión, a ellas no les interesa que las definas, las etiquetes o las bautices con algún nombre, simplemente son expresión de vida con un aviso para ti. Sin embargo, no puedes recibir el recado si no abres la puerta. Las emociones son como un gran grito de un maestro que te invita al viaje interior, el peregrinaje en sí mismo es sagrado, porque siempre traerá crecimiento.

No controles tus emociones, el control, incluido el emocional, es un direccionamiento del ego. Entra en comunión con ellas, cuando te acerques a tus emociones con el espíritu apropiado, te compartirán sus secretos. Puede ser que al contacto con ellas te sientas removido, esa es su labor, para eso están allí. Tal vez sientas que la tierra se mueve bajo tus pies o que estás siendo desafiado, ese terremoto interior es necesario e importante.

El conocimiento de tus propias emociones te convierte en un maestro de ti mismo, el objetivo de la maestría interior es hacerte consciente de la totalidad de tu mundo interior, de lo contrario, todo puede dominarte. Sentir es ser consciente.

No eres tus emociones, ellas son un vehículo

Es tan importante que valores y atiendas las emociones que se expresan en ti, como que comprendas que no eres tus emociones. De la misma manera que la consciencia tiene la capacidad de contener los pensamientos, también es capaz de recibir las emociones. No te identifiques con ellas, porque ahí es cuando o te arrasan o te inundas emocionalmente.

Sentir tus emociones no es sumergirte en ellas ni sufrirlas con intensidad, se trata de que puedas atenderlas desde tu estado de presencia, siendo consciente de lo que llega a ti.

Tu coeficiente emocional es tu capacidad para percibir las emociones que estás sintiendo. Aquello que sientes puede provenir, por ejemplo:

De una situación real de gran peligro (tu vida está siendo amenazada).

De tus pensamientos frente a una persona o situación.

Cuando bloqueas tus emociones, les pides que te visiten una y otra vez, hasta que elijas conectar con ellas, de lo contrario no te has liberado, quedas atrapado en la dinámica de no sentir que trata de adormecerte. Ese ciclo repetitivo te encapsula en un comportamiento inconsciente.

Ellas solo vienen a mostrarte patrones, modelos que son tan antiguos como el viaje de tu propia alma, para que dejes de perderte en el olvido. No juegues a creer que eres tus emociones, eso puede ser doloroso y ellas llegarían a dominarte.

Sentir sin excepciones

La maestría emocional es el feliz arte de estar en paz independientemente de la emoción que se esté sintiendo. Todas las emociones son dignas de ser sentidas, sin etiquetas de malas o buenas, para lo único que te sirve definirlas así es para seguir creyendo que unas de ellas te dan paz y otras no.

Cada sensación, emoción y sentimiento son grandes regalos que nos llevan al encuentro del ser que está sintiendo, la estrecha relación con nuestro sentir está directamente relacionada con nuestro vínculo con la vida. El sentir es algo natural, no necesitas una técnica, lo único que requieres es liberar tus resistencias. No hay emociones apropiadas para situaciones apropiadas, todo depende de tus estructuras mentales, todo es relativo y se ajusta a lo que has elegido creer. Nada es emocional ni espiritualmente correcto o incorrecto, el sentir va más allá de juicios e interpretaciones.

El sentir te habla no con palabras, sino a través del silencioso lenguaje del corazón, y puedes llegar a tener la sensación de que se te está empujando de un lado a otro, pero la confusión también llega para recordarte que debes buscar tu centro, es ahí donde puedes escuchar la verdad. Cuando la encuentras sabes que no hay nada más que encontrar en toda la existencia. Desde aquí tu vida entera se convierte en una oración sin palabras.

El sentir original

Las emociones vienen a mostrarte todo lo que hay en el campo de Maya (de la ilusión) todas tus percepciones, interpretaciones, patrones y condicionamientos, pero hay un sentir que hace parte de tu estado natural, libre de programaciones, y ese sentir esencial es gozo y dicha.

Te preguntarás, ¿si es lo natural, por qué no lo estoy sintiendo? y si vas a tus pensamientos puedes notar todas las barreras que tú mismo has fabricado para no experimentar tu sentir esencial, observa todas las justificaciones que te da el programa. Se trata de elegir, en cada momento de la vida tienes la posibilidad de entrar en las aguas de la vida consciente o de nadar contra la corriente. Si tuvieses claro que todo está sucediendo como debería, podrías conectar más fácilmente con el gozo de estar vivo.

Tu sentir original tiene la infinita capacidad de que despiertes en ti tu poderosa energía vital, transforma todos los bloqueos en avances porque sales del caos, atraviesas la noche oscura del alma, sabes que no necesitas de circunstancias externas para vivir en un estado de celebración interior, y no interesa si el día es soleado o nublado, pues empiezas a notar que la vida en sí misma es un momento para celebrar.

El sentir original va más allá de la alegría, la alegría es una emoción que requiere una causa, tu verdadero sentir no, es su causa y su efecto, así como el amor real que no necesita de nada, simplemente es.

El sentir programado

La emoción que oprime toda expresión del sentir original es *la culpa*. De ahí se desprenden la ira, la tristeza, el miedo y la rabia como variaciones a ese estado de culpa inconsciente que reside en lo más profundo del subconsciente. Creemos que nos hemos separado de nuestra fuente, que hemos eliminado a nuestro creador, por lo tanto, inconscientemente no nos sentimos merecedores de ese gozo y esa dicha. Eso nos mantiene en la gran rueda de las reencarnaciones creyendo a un nivel profundo que debemos, adeudamos, o somos culpables.

Olvida todo lo relacionado con el pecado, no has eliminado a nadie, no te has separado de nadie, eres inocente. Libera tus cargas, no te agobies. La culpa es como una gran piedra en tu corazón, está tan arraigada que se reproduce una y otra vez en tu vida como una película. Tienes la oportunidad de parar esa película ahora, abandona ese dolor que proviene de la ilusión, de lo irreal. La mejor manera de comprenderlo es cuando vas hacia ti, hacia tu centro, desde ahí puedes notar que no te has desconectado, es momento de que recuerdes esa conexión.

La salida está en reconocer el juego de la culpa, dale vuelta a ese estado, cámbialo por inocencia. En una sala de cine siempre miras la pantalla, nunca miras hacia atrás, quien está proyectando esa culpa está detrás, sin embargo, te has enfocado en ver la pantalla, que son tus relaciones; el otro es tu pantalla, viene a mostrarte todo el dolor que llevas dentro, y por eso te despierta tantas emociones. Aprende a tener una visión inmediata, porque el ego siempre estará dispuesto a seguir creando sueños de culpa. No tengas concesiones, no cedas a alterar tu estado natural, no llegues a tomar una actitud de transigencia, no vayas contra ti mismo.

Las cargas emocionales

Toda emoción no atendida se convierte en una carga, y como dice el dicho: lo que te carga te pesa y lo que te pesa, te hunde. Quizás es momento para ti de sacudir los hombros, pero eso solo es posible si antes te das cuenta de lo que has acumulado.

Esforzarte por sentirte mejor no es la salida si continúas cargando, porque eso generará aún más peso. Es momento de aligerar tu carga, para eso es necesario estar enraizado, centrado. Tu consciencia, que es tu sol personal, te ayuda a ver qué estás cargando, observa cada una de tus relaciones, las que tienes en este momento y las que han pasado por tu vida. Sé consciente de qué sientes con cada una de estas relaciones, sal de tu cabeza y ve a tu corazón.

Socialmente, en especial a los hombres se les ha enseñado a no llorar, a aparentar ser valientes ante lo que les duele; y las mujeres, en su intención de no sentirse desiguales, han optado por esa misma posición y han caído en la misma trampa. El programa te dice que para sobrevivir debes esconder tus sentimientos y emociones para no ser herido, y llegas a ocultarlos tanto que los escondes hasta de ti mismo.

Venimos de la totalidad y nos dirigimos hacia ella, no necesitamos cargar con nada en este viaje, no estamos concebidos para almacenar energía emocional. Buscas distraerte para no sentir, pero cuando quitas tus distractores, aquellos que mantenían tantas emociones reprimidas y ocultas, ellas surgen muchas veces en una gran explosión. Te sientes interiormente separado, tus emociones te están informando del asunto, por eso dales la bienvenida, mas recuerda que no puedes almacenarlas; ellas pueden llevarte al cambio porque generan movimiento, si las ves desde tu consciencia te están invitando a un cambio de mentalidad, a llevarte de la oscuridad a la luz.

La mente programada te dirá, desde sus condicionamientos, que lograr una maestría emocional es para unos cuantos iluminados o personas con algún tipo de especialismo. Sin embargo, el camino es simple, lo que no quiere decir que no sea profundo. La profundidad se la das tú desde tu reconocimiento, interiorización y práctica.

La sabia inocencia

Para llegar a un estado de maestría emocional y mental, requieres primero recordar tu estado de inocencia. No se trata de la inocencia infantil, que aunque es hermosa, es ignorante, esa que en la vida adulta será reemplazada por desconfianza y duda. Se trata de convocar a tu *sabia inocencia*, aquella que no lucha con sus emociones, no cubre sus heridas emocionales hasta impedir que se curen, no intenta dirigir ni dominar.

La sabia inocencia sabe que no sabe, se apertura a saber, a conocer, a experimentar por medio de su sentir. No las juzga, no las cataloga, les permite expresarse, vivir y morir en su consciencia. Es saberte y comprenderte inocente, no has hecho nada mal, lo que sientes no lo sientes debido a que algo está mal en ti, por eso no vienen a castigarte, y en cambio sí pueden mostrarte lo mucho que has olvidado tu sentir original.

No confundas alegría con felicidad

La alegría es una emoción, la felicidad es un estado de consciencia. La felicidad puede manifestarse con alegría en algunas oportunidades, pero no siempre se exterioriza. También puedes ser infinitamente feliz en un estado de profundo silencio. Es una decisión consciente de la vida, es la postura de quien está en contacto con la verdad, incluso en medio de cualquier tipo de dificultad o desafío.

La felicidad se caracteriza porque tu espíritu se mantiene estable y sereno. Comprende y enfrenta con gran determinación estados de ánimo, pues sabe que son temporales, así la felicidad, como la paz mental, es cuestión de perspectiva en el instante presente. La alegría puede ir y venir, es limitada, pero si tú has elegido caminar la vida mientras recuerdas tu estado natural de felicidad, ella se manifiesta, porque ella eres tú.

Quizá te levantes y lo primero que hagas sea decirle no a la felicidad. El programa te ofrece un abanico de consideraciones y razones mostrándote por qué no es posible, y luego empiezas a ahuyentar el miedo y la tristeza, te ocupas tanto en ello que no puedes notar que está ahí, disponible para ti, en el portal de tu corazón, y no vas a sentirla a menos que te tomes el espacio para conectar con ella, es decir, para conectar contigo.

Los pasos de la maestría emocional

De la lucha a la paz

Son tan solo cuatro pasos, lo demás son adornos de la mente programada cuando quiere mostrarte que el asunto es complejo, mas no lo es, lo requerido simplemente es:

Reconocer: significa *conocer de nuevo*, observar e identificar que existe una emoción que bien puede estar palpitando en ti, o palpitó en algún momento y la bloqueaste.

Desde tu profunda comprensión la identificas, recuerda que no importa qué nombre se le dé o quieras darle, lo importante es que reconozcas en ti su presencia.

No necesitas rebobinar el pasado una y otra vez, solo lleva a tu mente a esa persona o a esa situación que en ese momento pensaste que desató en ti una emoción, trae esa relación a tu mente y reconoce ese sentir. Puedes hacer este ejercicio con las personas de tu vida, o con quienes han pasado por ella, y enfocarte en indagar en lo que sientes.

Crea ese espacio de reconocimiento, ya sea con una emoción que ha dado origen a un resentimiento, o con una emoción de esas que están sintiéndose en carne viva en el instante. Requieres de voluntad para observarte y no morder el anzuelo de reaccionar, antes de reconocer.

Si no te das la oportunidad de reconocer, estarás anulando tu consciencia, le entregarás tu poder a esa energía emocional y podrás terminar aprisionado.

El reconocimiento abre la ventana para una salida curativa a esa potencial explosión, y ayuda a empezar a liberar la tensión, pues al ser un espectador de lo que ocurre en ti, no te identificas con la emoción. Es aquí cuando esta energía no se estanca, sino que empieza a circular porque no la estás tirando a la oscuridad, que es desde donde se torna peligrosa.

Atender: cuando reconoces, abres la puerta, cuando atiendes la emoción le estás invitando a pasar, ahí de verdad estás listo y dispuesto a ser curado, has dejado de ocultarte de ti mismo. Todo el mundo busca salvaguardar sus propias heridas.

El ego te ha hecho creer que las hay. Atender es ser, sentir la emoción, no se trata de ayudarla a crecer, cuanto menos estés en la cabeza, más rápida es su visita, ocúpate de sentirla con tu Ser.

El hombre o la mujer esencial atienden el sentir, no hay necesidad de hacer ningún esfuerzo, ninguna lucha, solo hay que darles la bienvenida.

Integrar: cuando la emoción ha llegado al centro de tu ser, se genera una explosión de comprensión y gozo, surge de repente una fuerza que abre tu corazón, puedes darte cuenta de que no existe nada bueno o malo, simplemente es experiencia, manifestaciones de vida. El conflicto solo está en la mente programada, cuando se integra la emoción empieza el proceso alquímico, no tienes que hacer nada tampoco, solo permite que esto suceda, no requieres preparación, es algo que va surgiendo.

Has llegado a un momento de madurez emocional, te has permitido entrar en tu bosque interior, has empezado a encontrar el equilibrio y eres capaz de observarlo todo desde arriba. No intentes poner propósitos y tratar de forzar algo, todo este proceso ocurre de manera natural, mantente en el presente, la experiencia vendrá, no tiene que ser premeditada, y entonces descubrirás que hay un único sentir.

Aceptar: abriste la puerta para que tus emociones pudiesen entrar, las atendiste y las recibiste sin juzgar, te permitiste moverte con la suavidad y la dulzura del momento, saliste de la jaula, ahora el cielo es tuyo. No existe la felicidad si no hay aceptación.

No es resignación, la resignación proviene de la ignorancia del ego, la aceptación viene de un estado de consciencia y sabiduría. La aceptación tiene la capacidad de hacerte dar saltos cuánticos en la vida, sales del caos y experimentas paz, empieza a abrirse algo inmenso porque ya no hay muros, eres tú, libre de condicionamientos y miedos, comprendes que todo es necesario y llega con un propósito.

Elementos clave en el proceso

Respiración: es quien abre la ventana a tu dimensión interior. Así como está tu respiración, está el ritmo de tus pensamientos. Una vez reconozcas que existe una emoción, permite que tu respiración llegue hasta ahí, llévala adentro y alrededor de ella. La respiración es una de las pocas funciones en la cual podemos ejercer cierto margen de manejo voluntario, no solamente se gestiona a nivel inconsciente, sino también consciente.

Debe ser una respiración lenta y profunda, abdominal en lo posible, no solo torácica, ese es un tipo de respiración ansiosa y únicamente estarás intercambiando aire. Desde una respiración honda y consciente puedes mirar a la cara a tu emoción, te centras en el instante y te pones en contacto con lo que estás sintiendo.

Observación: siente cómo se manifiesta la emoción en tu cuerpo (estómago, pecho, garganta, etc.) requieres práctica y constancia para que sea natural en ti. La visión correcta es saber que cualquier cosa que observes es válida. Si hay dolor, observa la mente que siente que no quiere estar ahí, desafíate a descubrir cuándo la mente está incómoda, cualquier sensación intensa que notes en tu cuerpo, obsérvala, poco a poco comprenderás cómo contemplar tus sensaciones y emociones desde una perspectiva más amplia. Cuando hay atención y observación, la sabiduría surge y desde ahí empiezas a abrir el espacio para elegir.

Apertura: no necesitas querer nada ni desear nada, solo debes *permitirle* a tus emociones llegar, permanecer e irse, sin intenciones de cambiarlas, porque ellas se transforman por sí mismas. El objetivo es estar abierto a la experiencia.

Ábrete a ti, sin repetirte lo que ha pasado, ábrete a esa relación contigo mismo, con espíritu de aventurero, no hay mapas que seguir, salvo los que te dicta tu sabiduría interna. Es momento de echar una mirada adentro, sin embargo, eso no es posible si tu mente y tu corazón se cierran.

Abandona las expectativas, abre espacio para que se produzca un nuevo tipo de movimiento, lo esencial llega a ti cuando te abres a sentir.

Meditación

Me permito sentir

Paola Hun

Indudablemente en algún momento ignoré mis emociones y sentimientos, y ahora pensar en darles cabida puede resultar inquietante, porque hasta este momento mi actitud elegida ha sido aguantar y sonreír, sin solucionar la situación. Me he quedado enganchado a pensamientos y emociones y he perdido el contacto con mi ser. Me encuentro dispuesto a volver a mí mismo y a asumir la responsabilidad de lo que no ha sido sentido. Me siento capaz de sentir con una honestidad inquebrantable, sin miedo, culpabilidad o vergüenza.

No soy un depósito de emociones, me dispongo a dejarlas llegar, transitar e irse, y me transformo poco a poco en un ser ligero, flexible y espontáneo. Me encuentro en profundo contacto con mis ritmos y necesidades naturales, no voy a obrar más en contra de mí mismo, comprendo que tanto las lecciones como el maestro habitan en mí, así que me tomaré el tiempo necesario para escucharme.

Mis emociones me revelan cómo estoy recibiendo la vida, ahora sé que todo lo que siento es válido. A partir de mi sentir me llegan mis propias revelaciones internas, no solo obtengo más claridad, sino que dejo de agobiarme ante las voces de la mente programada que quieren hacerme huir de lo que emerge en el instante.

Recibo mis emociones con inocencia, sin juicio alguno. Presto atención a mi voz interior y respondo espontáneamente a la vida. Dejo de racionalizar lo que siento y me percibo confiado, abierto y disponible a ellas. Siento a través de mí el flujo constante de la vida y lo veo en todo: las estaciones, las mareas, la respiración. Fluyo con lo externo e interno, simplifico mi vida, expando mi perspectiva, me doy la posibilidad de crecer y mantener liviano mi corazón.

CAPÍTULO 5.

LA FALSA IDENTIDAD

El ego es un intento erróneo de la mente para percibirse tal como deseas ser, en vez de como realmente eres".
UCDM Cap, 3, IV, 2-3

Cada uno de nosotros, incluso el que parece ser más inocente y sincero, tiene oculto un personaje, usa una máscara. La mentalidad programada es sumamente estratégica, su naturaleza está hecha para planear e intentar manipular otras personas o situaciones, así cada uno representa un papel, la misma historia, los mismos personajes, los mismos principios y finales. Hemos venido representando esta gran obra de teatro desde que la humanidad empezó a pensar y a creer que era todo eso que había inventado, hasta definirse con una serie de etiquetas y creer que sabe, con lo que ignora su naturaleza y se aferra a su disfraz.

Todo el mundo inventa un personaje acerca de sí mismo y de cada persona a la que percibe. Quizá te suene un poco fuerte, pero lo que crees que eres y que son los demás, es una mentira, lo importante del asunto es que al contemplar la mentira, esta desparece y queda la verdad. La verdadera identidad es una experiencia, no un concepto, no puede ser descrita, definida ni explicada, va más allá de las creencias y las palabras, por eso muchas veces, para llegar a conocer lo que somos, debemos empezar por comprender qué es aquello que no somos.

La persona

La palabra persona viene del latín *persöna,* o sea máscara usada por un personaje teatral. Esta definición no dista mucho del modo en que hemos venido "actuando" en nuestra vida. Ego en latín significa *yo*, y como hemos podido notar, es un conjunto de falsas creencias acerca de quienes somos realmente.

El personaje, la máscara o el ego nace de la falsa identificación, los personajes han sido reales para ti en la medida en que les has dado valor y credibilidad. Generalmente los seres humanos no se dan cuenta de los personajes que están representando. El objetivo oculto de la gran mayoría de estos personajes es llamar la atención de los demás, detrás de todo autoconcepto, por muy "positivo" que parezca, se esconde el miedo de no ser lo suficientemente bueno, y detrás de todo autoconcepto "negativo", se oculta el deseo de ser el mejor.

Existen algunas máscaras que predominan con fuerza, y otras que surgen con determinadas personas o circunstancias, unas de ellas muy extendidas en el inconsciente colectivo, que a manera de legado se enseñan generación tras generación. Otras de ellas aparecen como respuesta a heridas emocionales de nuestra infancia y adultez, o son programadas por el inconsciente del clan familiar. Por lo tanto, la confusión, la inconsciencia y el conflicto están a la orden del día. Seres humanos en una exhausta carrera de ser alguien, parecer alguien o simular ser alguien, mientras desconocen que *ya son* por derecho propio.

Las heridas que marcan personalidades

Son lesiones psíquicas que quedan como fragmentos mal sanados de impactos emocionales vividos, sobre todo aquellos que ocurrieron en épocas de infancia, sin obviar que estas heridas no puedan haberse generado en otro momento de la vida.

En su libro "Las 5 heridas que impiden SER uno mismo", Lise Bourbeau afirmó que todos los sufrimientos originados en los seres humanos parten de estas cinco heridas que van generándose en el transcurso de la vida.

Abandono

Rechazo

Humillación

Traición

Injusticia

Las máscaras aparecen para ocultar heridas, sean conscientes o inconscientes. Buscas de algún modo disimular que no las tienes, de esta manera vas por la vida con juego de máscaras o personajes, ocultas un sentir y así te alejas de tu esencia, limitas tu potencialidad.

Las máscaras del ego

Subpersonalidades

Los juicios que haces, y las emociones que desatan en ti dichos juicios, pueden empezar a darte una pista para que empieces a vislumbrar aquellas máscaras que has usado o estás usando, y por supuesto, las de las personas que te rodean. Podrás notar que desde esta visión todo parece ser una gran fiesta de disfraces.

Es muy importante que, de hacer introspección en este fragmento del libro, no te juzgues, te culpes o te castigues mentalmente, celebra más bien que tienes la posibilidad de descubrir tu falsa identidad, para que desde tu consciencia puedas disolverla u observarla conscientemente hasta que sientas que no requieres ocultarte más.

La personalidad no puede convertirse en tu SER

En su libro "Vivir el perdón", Jorge Lomar hizo referencia a un gran número de estas máscaras que ponen en evidencia las maneras y actitudes asumidas por el personaje al ocultar un sentir, con lo que desdibuja su ser esencial y lo sostiene en su propia lucha.

Tabla 1. *Tipos de máscaras y sus implicaciones*

Máscara	Descripción	Sentir oculto	Herida inconsciente
Víctima	Busca atención, compasión, vive en el pasado, su historia es su negocio a cambio de amor.	No merezco amor ni atención si no muestro mi sufrimiento. Quiere hacer sentir culpable al otro por su dolor.	Abandono/ injusticia/ Rechazo/ traición/ humillación

El niño(a) o la niña buena	A todo dice que sí. Aparenta que todo está bien y que nada le molesta.	Cree que la sumisión le otorga recompensas, tiene miedo a sentirse rechazado(a).	Rechazo/ abandono
El manipulador o controlador	Cree saber qué es lo mejor para todos. No confía en los demás, vela porque las cosas siempre sean a su manera.	Desconfianza en la vida, miedo a equivocarse.	Traición/ injusticia
Dependiente	No se cree capaz de hacer las cosas por sí mismo, no le gusta estar solo, es indeciso e idealiza a otras personas.	Desvalorización, busca constantemente la aprobación que no se da a sí mismo. Tiene un miedo profundo a ser abandonado.	Abandono/ humillación/ rechazo
El autosuficiente	Cree que se basta a sí mismo y que no necesita de los demás.	Miedo a ser rechazado cuando pide ayuda, cree que debe aprender a hacerlo todo solo porque en cualquier momento lo pueden abandonar.	Abandono/ rechazo

El sabelo-todo	Cree que tiene las respuestas a todo, le gusta presumir que sabe, cree que todos a su alrededor son idiotas. El "no sé" no está en su vocabulario.	Siente que solo es reconocido y valorado si muestra que sabe, trata de sobrevalorarse para sopesar su falta de valor personal.	Rechazo/ humillación
El rebelde	Desafía las normas, no se lleva bien con la autoridad, combina la impaciencia con el escepticismo.	Lucha permanentemente afuera, sin darse cuenta que su verdadera lucha está adentro.	Injusticia/ traición/ humillación
El chismoso	Hace que los rumores se dispersen, aunque no tenga certeza de ellos. Finge que le importan las cosas.	Siente que su vida no tiene mucho sentido, por lo que prefiere volcar su atención a la vida de los demás, cree que es la única manera de ser tomado en cuenta.	Rechazo/ abandono
El pesimista	Juzga todo de la peor manera, desde su perspectiva nada vaticina un buen desenlace.	Tiene bajas expectativas de todo, así como las tiene de sí mismo. No confía en su poder personal, por ello desdeña del de los demás.	Traición/ injusticia

El estricto o rígido	Se resiste a cambiar sus pensamientos, comportamientos u opiniones; muy poca capacidad de adaptación y baja tolerancia a la frustración.	Se desliga de lo que siente con la idea de protegerse, tiene miedo a ser incorrecto o inadecuado, tiene temor a equivocarse y ser injusto.	Injusticia
El vanidoso	Valoración sobredimensionada de los propios méritos o habilidades, acompañada de arrogancia y engreimiento.	Este culto a la personalidad blinda su sentir de desvalorización y pequeñez con egocentrismo.	Rechazo/ humillación
El solitario	Piensa que no necesita compañía, no expresa su sentir ni sus necesidades.	Siente vulnerabilidad e inseguridad en compañía, evita el amor que en realidad necesita.	Abandono/ rechazo/ humillación
El materialista	Se valora y valora a los demás según sus posesiones, por lo tanto, siempre busca tener más.	Está negociando continuamente atención y amor. Siente que debe comprar el cariño.	Rechazo/ abandono/ humillación

El tímido	Se caracteriza por el alivio que le representa alejarse de lo que piensa puede generarle malestar.	Temor profundo a las críticas, se rechaza profundamente a sí mismo, se siente erróneo e inadecuado.	Rechazo/ humillación
El hacedor	Está orientado a conseguir objetivos, es enérgico y racional, se ocupa con largas jornadas de trabajo.	Siente que su valor depende del hacer y de desarrollar habilidades que le permitan ser reconocido.	Rechazo/ humillación/ abandono
El sacrificado	Para él sus necesidades siempre pueden esperar, seguro de que así es el designio que le corresponde. Relaciona amor con sufrimiento.	Siente que debe demostrar lo buena persona que es, siente que a través de su incomodidad puede demostrar su amor y esperarlo a cambio.	Injusticia/ abandono
El irritable	Altamente susceptible, reacciona de manera desproporcionada si se siente tratado injustamente.	Siente que por medio de la ira puede demostrar el poder del que muy profundamente siente que carece.	Rechazo/ traición/ humillación

El seguidor o adepto	Partidario de una persona, idea, religión, maestro o filosofía. Desconoce su sabiduría interior, busca fuera de sí la verdad.	Siente inseguridad acerca de su criterio, por lo que busca apoyarse en algo más grande.	Abandono

Quitarse la máscara

Se cae el telón

Una máscara no nos protege, nos debilita. Llevamos tanto tiempo construyendo personajes que hemos olvidado quiénes somos. El ego, ante la mínima posibilidad de que su obra teatral esté al descubierto, entra en pánico, su trabajo es hacerte creer que eres todos los personajes que te ha presentado como salvavidas, y que son ellos los que te liberan del dolor. Por fortuna toda máscara tiene un agujero por donde escapa la verdad.

Podrás haber identificado que muchas de esas máscaras no solamente las has usado de cara a los demás, sino para engañarte a ti mismo. Has tratado de fabricar una imagen que busca mejorarse públicamente como medio de protección, o simplemente por seguir libretos sociales hasta el punto de creer que eres lo que finges.

A los seres humanos les ha parecido más cómodo seguir mintiéndose que conectar con su verdadero sentir y esencia. Con lo que has podido comprender hasta este momento, podrás notar que la máscara no te disfraza, te revela. Al ser provenientes del programa son temporales e ilusorias como él, tarde o temprano desaparecen.

La mente programada, al notar que usas una máscara, querrá, a modo de respuesta, empujarte a llevar el personaje opuesto. Si te comportabas como un seguidor, te invita a que seas escéptico, si te personificabas mostrándote dependiente, querrá que te pongas la máscara de autosuficiente, lo cual no te lleva a la sanación y hará que simplemente estés pendulando entre los opuestos. Si tan solo te ocupas de ser consciente de los personajes que has fabricado y de para qué los usas, tu propia sabiduría interior te indicará el camino, mientras eso ocurre tendrás muchas oportunidades para ver a tus personajes, desidentificarte de ellos y dejar de reafirmarlos.

Cuando comprendes que eres un canal divino por donde la totalidad puede expresarse, dejas de permitir que se manifiesten programaciones, se cae el telón y se desvanecen los disfraces. Las verdaderas conexiones no son posibles a través de máscaras, deja de ensombrecerte y permítete ser visto de verdad.

Quítate todos esos trajes que no te permiten bailar con la vida y recibirla abiertamente, permite que la vida fluya naturalmente a través de ti, no prives de tu esencia a los demás, date el permiso de conocerte libre, cuanta más resistencia opongas a liberarte de las máscaras, más endiosado tienes a tu personaje, de esta manera no podrás darte cuenta que una nueva vida te espera.

Literalmente soltar máscaras y personajes para el ego representa saltar al vacío, lo que desconoce este programa limitado es que el vacío está totalmente lleno. Todas tus máscaras pueden parecerte tan familiares que para el programa es todo un funeral, incluso puede llevarte a pensar que serás un ser sin ninguna identidad. Lo que él desconoce es que se trata de un renacimiento en ti, sale a la luz tu verdadera identidad, y frente a tus ojos un nuevo mundo donde te puedes ver realmente y reconocer también de manera auténtica a los demás.

Dejas de intentar encajar para realmente Ser, y empiezas a abrazar la luz que eres y que has venido a compartir, dejas de vivir en esta tierra como un esclavo de tus propios personajes y empiezas a disfrutar de tu temporal estadía en esta experiencia. Cuando sueltas tu falsa identidad, dejas de permitirle a la mente programada que guíe tu camino, porque ya sabrás con certeza que existe otro mejor.

Meditación

No soy un personaje

Paola Hun

No soy nada de lo que he creído, tampoco lo que los demás han pensado sobre mí, no se puede definir lo que está fuera de conceptos, no se puede racionalizar lo que va más allá de la razón. Adopte el camino que adopte, la claridad de la consciencia me habita. Por largos años me identifiqué y me involucré fuertemente con el personaje que fabriqué, entumecí mi consciencia, sin embargo, hoy estoy para recordarme que todavía estoy aquí.

El personaje me ha ofrecido una serie de escenarios dramáticos con el objetivo de desviar mi energía y mi atención de mí mismo, intentó alejarme del silencio, de mi fondo, donde se encuentra mi sagrada fuente de renovación, aquel espacio que no ha sido distorsionado por la personalidad, allí donde emerge mi conocimiento intuitivo.

Para acercarme al gran núcleo de la sabiduría debo ir desnudo, sin disfraces ni máscaras, sin ninguna de las pretensiones del ego, quien claramente no puede acceder ahí porque ello requiere que nos adentremos en la oscuridad y entremos en contacto con la incertidumbre, se dejan de lado su individualidad y sus preferencias personales para ir en esencia a sentir el profundo contacto con la verdad.

Ya no puedo evitar mi labor de introspección, de ver las máscaras y observar los personajes. La labor ahora es depurar lo programado, lo que viene desde el miedo. No voy a pasar por alto mi valor, ni el de los demás, puedo ver detrás de los disfraces, de las palabras y de las acciones. Disfruto de la dulzura del momento siendo consciente de la película, ha comenzado a aparecer un paisaje de nuevas posibilidades.

CAPÍTULO 6.

RELACIONES CONSCIENTES

Cualquier relación es un telón de fondo para la práctica de relaciones sagradas, solo se requiere tu compromiso"
David Hoffmeister

Todo es relación. Todo inicia con la relación que tienes contigo mismo, la cual se extiende hacia lo que parecen ser los "otros", tus relaciones familiares, sociales, de pareja, con el dinero, con tus padres, con la vida.

Existen dos objetivos dentro de las relaciones humanas, el primero es intentar extraer algo de alguien, el otro, es compartir. Es posible que sientas que tienes necesidades físicas, emocionales, económicas y sociales, pero tu ser esencial se encuentra en estado de completitud, no alberga ninguna de ellas ni requiere ningún tipo de asistencia.

La manera como te relacionas con los demás puede reflejar cómo es tu relación con lo divino (Dios). Cuando conectas con alguien siempre existirá un propósito que sustenta la relación, que puede venir de la mente programada o de tu ser; entre los propósitos más usados por el ego están: conseguir algo (favorecerse) o culpar. Ahora, el propósito del Ser despierto se enfoca en la genuina conexión, sin expectativas y sin esperar algo a cambio. Por esta razón la mayoría de mentes pierden la paz cuando se relacionan, pues creen que ese otro tiene el deber de actuar, de dar o ser de una u otra manera.

*A un nivel profundo
no puedes querer a alguien que
sientes que tiene lo que te
hace falta*

Existe una única relación real y es la nuestra con la totalidad, las demás relaciones a nivel inconsciente fueron fabricadas en nuestra mente como sustitutos del amor que creímos haber perdido y del que creímos habernos separado. El amor que está ligado a la necesidad no es amor; creer que necesitas algo que no está en ti es el primer síntoma del olvido de tu verdadera identidad, de tu auténtica naturaleza.

En toda relación la mente programada busca ser el centro de atención porque nos hemos olvidado de dirigir nuestra atención a nuestro propio centro. Así, la búsqueda de reconocimiento y valoración que surge por el desconocimiento de sí mismo vuelca toda la energía fuera de ti, por eso muchas de las acciones diarias de los seres humanos —por no decir casi todas— se dirigen a esa búsqueda exhaustiva e incesante de llamar la atención, porque no tienes la tuya.

Una relación esencial o consciente es una que no se fundamenta en el pasado, se experimenta exclusivamente en presente y en comunicación abierta, libre y total. Esta se fundamenta en la absoluta confianza porque no esconde nada ni alberga necesidades de ningún tipo.

A nivel inconsciente el otro es un reflejo de lo que tú crees ser, viene a comunicarte que eres tú, has venido a recordarte a través de él. Son citas acordadas que hemos llegado a cumplir con el propósito de salir de la dualidad de la mente para poder sentirnos y comprendernos en unidad, por lo tanto, toda relación tiene un infinito potencial que nos regala segundo a segundo la posibilidad de despertar, o bien amas y te sientes en unidad o experimentas miedo y separación.

Es importante comprender que a tu vida no llegan "personas incorrectas" porque el universo no comete errores contigo, para ti siempre aparecen los seres correctos de acuerdo con tu estado de amor o de carencia, asimismo, tampoco existen las personas perfectas, las palabras persona y perfecta no ligan. Un personaje no puede ser perfecto, es solo un personaje, lo que sí está en infinita perfección es tu ser esencial; has venido a redescubrirte y a recordar que el origen de tus sentimientos nunca está en el otro, sino que este se halla en tu manera de percibirlo.

La relación contigo mismo

Si me siento bien conmigo mismo es probable que me sienta bien con el resto del mundo, porque el trabajo de las relaciones no se hace afuera, se hace dentro, en la mente. Tomarse el espacio para entrar en contacto con tu propio ser, sentir, acoger, abrazar y comprender con total honestidad ese sentimiento y dejar de lado todo análisis y raciocinio para que tu mente despierta, tu consciencia infinita pueda hacer el trabajo de trascender lo que hasta este momento ha obstaculizado la relación contigo mismo, desde ese espacio de profunda humildad y apertura permitimos que el amor sea el que nos enseñe.

Una mente en paz solo puede percibir paz en el mundo. Generalmente lo que causa tensión en nuestra forma de estar con nosotros mismos es el perfeccionista interior, que toma como base todos los estándares establecidos a nivel social, familiar y cultural. Este crítico interior no es otro diferente al ego, quien no desaprovecha oportunidad alguna para mostrar su insatisfacción, su resistencia constante y permanente a lo que es. Por eso, ser tu mejor amigo o tu peor enemigo depende de la parte de tu mente a la que decidas atender.

No es posible tener relaciones sanas y conscientes con los demás si no somos sanos y conscientes con nosotros mismos. *Te mientes* con frecuencia (dices que vas a hacer algo y no lo haces, y así pierdes la credibilidad en ti mismo), te *traicionas* (haces lo que no quieres hacer, por lo tanto, te obligas y terminas siendo tu propio verdugo), *no sientes amor incondicional por ti mismo* (lo has condicionado, y si no puedes amarte incondicionalmente tampoco podrás experimentarlo con los demás).

Esta es una relación de la cual no puedes escapar, solo desde tu centro y desde la consciencia que tienes de ti mismo como expresión de lo divino, puedes entrar en verdadera relación con el mundo. De esa manera dejarás de ver a "otros" para empezar a ver reflejos tuyos.

La relación con tus padres

El origen de toda relación humana se halla en la relación con nuestros padres. Inició como una relación de dependencia, que básica e inevitablemente está en nuestra memoria biológica desde que llegamos a este mundo, solo que la mayoría de seres humanos han dejado de lado la responsabilidad de convertirse en adultos emocionales. Si bien la interdependencia hace parte del movimiento y el flujo de la sociedad, la dependencia que nos atañe en este momento es aquella que se ha perpetuado como una creencia de que el otro es el bastón que te llevará rumbo a la dicha o a la felicidad, y para lo cual debes renunciar completamente a tu poder, es decir, llegar al estado de *dependencia emocional*.

No solo hay hijos que dependen emocionalmente de sus padres, sino que también existe lo contrario. Hay padres que entrenan a sus hijos para ser dependientes, y cuando estos se marchan de la casa por alguna circunstancia comienzan a experimentar el *síndrome de nido vacío*, que se caracteriza por albergar sentimientos de profunda tristeza, soledad y agobio.

Detrás de toda relación de dependencia se esconde un miedo extremo, similar al tipo de dependencia de un adicto, la cual acompañan episodios de sufrimiento por abstinencia cuando se cree que el vínculo se rompe o se debilita. Por lo general, estas son actitudes aprendidas y reforzadas en la cuna familiar que, posteriormente, se extienden a la vida en pareja e incluso a nivel social.

Cuando la dependencia emocional se desarrolla en doble vía se habla de un estado de codependencia, catalogada como la principal herencia que transmiten unos padres tóxicos. Existen dos maneras de actuar como un padre o una madre tóxica: por exceso o sobreprotección o por abandono. El eco de nuestra primera gran relación (con nuestros padres) es el factor determinante de la relación que tendrás con el mundo.

Sabrás que te encuentras en dependencia cuando compulsivamente siempre intentas complacer a los demás con la intención de mantenerlos a tu lado, y tratas de evitar a toda costa la soledad y el rechazo.

De esta dependencia emocional se originan otros comportamientos como *el chantaje emocional y* la manipulación. Ello no solo refleja una baja autoestima, sino también la búsqueda de seguridad exterior que surge de una inseguridad e insatisfacción interior;

por esa razón, quien se encuentra en dependencia emocional, frecuentemente, busca refugio en personalidades de tipo dominante o que aparentan gran seguridad para intentar subsanar aquello de lo que sienten que carecen.

La relación con tu pareja

Dos no se vuelven uno, es una ilusión porque nunca han estado separados. El ego te dice "cuerpos juntos mentes separadas". En la mente humana se ha arraigado la creencia de que alguien te da felicidad, pero ¿cómo podría darte alguien algo que ya eres?, la felicidad es la naturaleza intrínseca del Ser. Alguien puede ser fuente de alegría para ti, pero no de felicidad, pues ella es el estado de consciencia que está disponible para ti y con el cual puedes o no sintonizar, todo radica en el poder de tu elección.

Ante la pregunta ¿eres feliz?, la mente programada sacará para ti un repertorio de objeciones y tratará de mostrarte que en ese instante de tu vida esa no es una posibilidad. Te pondrá "objetivos" y te dirá que está en algún lugar, en alguna situación o con alguna persona, así sostienes esa incansable búsqueda de lo que no has perdido, pero que tampoco has reconocido. Nadie tiene la posibilidad de hacerte feliz si tú no *eres la felicidad*.

De igual forma, no es responsabilidad de la pareja llenar las sensaciones de soledad o de vacío interior que se tienen, es una carga que no le corresponde; lo que sientes lo experimentas dentro de ti, por lo tanto, justo allí es donde debe trabajarse, dentro. Por eso hay tantos seres humanos que han establecido relaciones de pareja y aún se sienten igual de vacíos o solos; pueden cambiar de pareja y atribuirle la responsabilidad a una mala elección, pero una vez cambia la química corporal que produce el "enamoramiento" notarán que a nivel interno nada ha cambiado, porque nada ha sanado. Para saber estar en pareja es necesario saber estar solo, cuando cruzas el miedo a la soledad dejas de tratar de involucrarte en relaciones superficiales, egocéntricas y sin propósito.

Existe una tendencia compulsiva a querer experimentar la relación de pareja con base en las relaciones pasadas. Esta es una respuesta automática que surge como una medida preventiva para evitar la repetición de experiencias dolorosas, pero que a la vez te impide conocer realmente a otro ser humano, porque lo verás basándote en preconceptos, no podrás verlo realmente porque tu percepción estará condicionada.

Vivirás una verdadera y saludable relación de pareja cuando las bases de la relación sean la libertad y la aceptación. Esta se torna tóxica, y en muchas ocasiones enfermiza, cuando todo el conflicto interior se reproduce y se proyecta hacia afuera en forma de culpa, señalamientos y ataques.

Una relación de pareja funciona de manera sana cuando los dos se sienten completos, no como medias naranjas, sino como naranjas completas, que comparten su plenitud sin necesidad, y no buscan relaciones, sino que las crean. La relación será sana si dejan de usarla para llenar el vacío de separación que se produjo en su mente, si dejan de creer que son víctimas de la falta de amor de alguien más, y comprenden que la relación de pareja no es ninguna transacción comercial con cláusulas de propiedad de los cuerpos o garantías de exclusividad. *El amor no hace prisioneros.* La mente programada —en su estado de permanente exageración— se preguntará si esta afirmación es una invitación a tener sexo con todos, sin embargo, lo que esta mente desconoce es que la sexualidad y el amor no están separados; el sexo es la manifestación del amor, y el amor no se manifiesta con todos de la misma manera, la comunicación, la afinidad y sobre todo el aprendizaje que se atraviesa con ese otro ser humano es lo que determina la experiencia. El amor crea y el sexo es una creación. El sexo es temporal, y el amor es eterno. El sexo es una consecuencia del amor, pero el amor no es una consecuencia del sexo.

En relaciones de pareja y, en general, en todas las relaciones no se trata de lo que el ego te dice que es bueno o es malo, moral o inmoral, se trata de que aprendas a diferenciar lo que es real de lo que es falso.

Somos completamente responsables de lo que sentimos, se ha conceptualizado una serie de actitudes, acciones y deberes con respecto a las relaciones que cuando esas expectativas no se cumplen hay juicio, culpa y distanciamiento. Pero en una relación consciente o sin miedo, el amor se encarga de poner todo en orden.

La relación con el dinero

Nuestra relación con el dinero está estrechamente ligada a la relación con nuestra madre. El dinero a nivel sistémico es una metáfora de la madre porque otorga nutrición (alimento), por lo tanto, se entiende como energía de vida.

Si hay una relación distante con tu madre en tu mente, esta se proyecta inconscientemente en relación con el dinero. La abundancia es nuestro estado natural y podemos tomarlo y experimentarlo o no, este ocurre como consecuencia de haber conectado y abrazado a nuestra madre (en nuestra mente, lo relevante es la acción interna). De manera general, acercar a nuestros padres de forma amorosa e incondicional en nuestra mente es un modo de acoger y recibir la vida, y con ella todas sus manifestaciones, incluyendo la abundancia.

El dinero es una energía neutra, tus pensamientos acerca de él son los que programan su manifestación en tu vida. Si al pensar en dinero evocas las deudas, tus sentimientos serán de impotencia, ahogamiento o estancamiento, y esa será la relación que tendrás con el dinero. Si sientes que perdiste dinero en un negocio o en un robo, quizá tu sensación sea de frustración, ira o enojo, y esa será la relación que establecerás con el dinero.

Hay quienes afirman que trabajan su parte espiritual y se esmeran por mejorar sus relaciones, pero excluyen su relación con el dinero —que es una energía como cualquier otra— y entran en la dualidad de creer que existen cosas malas y buenas, pero estas no existen, simplemente existen propósitos. Puedes usar tu dinero con un propósito, el cual te entregará los resultados que sembraste; por ejemplo, si lo usas para dañar, indudablemente, esa energía retornará a su fuente, o si haces una inversión desde el miedo y desde la carencia no esperes entonces felicidad y abundancia.

Se ha asociado la espiritualidad con la austeridad y, en muchas ocasiones, con la pobreza; y se ha relacionado al dinero con el materialismo y se le ha adjudicado ser el causante de la mayoría de las guerras en el planeta. Sin embargo, la espiritualidad refleja abundancia en todas sus dimensiones porque el espíritu es abundante, y la relación con el dinero está determinada por las creencias y actitudes que tienes frente a él. El dinero es una consecuencia, nunca una causa, y tampoco es el fin, es un medio que tiene la capacidad de amplificar lo que tienes en tu mente y en el corazón. Tener dinero no implica que estés apegado a él, lo cual sí generaría una distorsión y una desarmonía en esta y en todas las relaciones porque el apego es sinónimo de miedo y también de carencia. La pobreza no te garantiza espiritualidad ni humildad, tampoco tener dinero, ello depende netamente de tu consciencia.

Otra forma de manifestar tu relación con el dinero es de acuerdo con la manera cómo te expresas acerca de él porque, asimismo, responde la energía. Por ejemplo, es mejor hablar de inversión que hablar de gasto, cuando compras algo para ti inviertes en ti, sin importar qué hayas comprado, desde ahí se marca el propósito y se determina la emoción con la cual experimentas esa relación.

Esta es una relación que merece respeto como cualquier otra. Si fuese alguien piensa cómo sería tu relación con él: ¿distante?, ¿no piensas y hablas muy bien de él?, ¿lo evades?, ¿le tienes miedo?, ¿lo culpas por algo?, ¿sientes que no vives pleno por su existencia? Con base en tus respuestas, observa cómo está tu relación y empieza a mejorarla en tu mente que es el origen de todas las relaciones, haz las paces con esta energía, permítele que te acompañe, ábrele la puerta.

Las formas en las que se relaciona el ego:

Además de la dependencia emocional existen otras conductas que son propias de la manera distorsionada en la cual se busca relacionar la mente programada, todas ellas emergen desde el miedo, la carencia o la insatisfacción.

El apego

El apego nace del miedo a la pérdida, es primo hermano de la dependencia emocional y la adicción. Si no estamos atentos será fácil caer en la dinámica de los apegos; de igual forma en que puedes estar apegado a tu cuerpo, roles, pensamientos y emociones, puede estar el "yo" que inventaste y tu apego a él. Este tipo de apego muchas veces pasa desapercibido porque es colectivo, al ser colectivo se cree que es normal, luego esa forma de relacionarte se extiende hacia afuera y te aferra a personas o cosas, se disfraza de amor, pero no es amor porque su base es un miedo oculto a la libertad.

Ningún apego puede traer felicidad, la atracción secreta del ego no es el placer que sientes que te da aquello a lo cual estás apegado, sino el dolor que sientes que te generaría vivir sin ello. Sin darte cuenta veneras y fabricas ídolos de eso a lo que fervientemente te aferras, sin la consciencia de que todo es temporal, es una ilusión, por lo tanto, te aferras a lo que no viene de la verdad y por eso duele. El ego se identifica con todo porque no sabe quién es, se apega porque se siente separado, inseguro y cree que su bienestar y felicidad provienen de cualquier fuente fuera de sí.

El apego genera esclavitud, control, es vivir fuera del instante presente. El ego se aferra porque tiene miedo del futuro, nadie tiene ninguna dosis necesaria para tu supervivencia, la paz es un atributo que se encuentra en ti, no en algo ni en alguien, mientras sigas entregando ese poder te aferrarás y buscarás lo que ya tienes, pero que aún desconoces.

Celos

Todo lo que surge en nuestra mente es reflejo de nuestro estado de consciencia. A veces se puede estar tan identificado con el programa que creemos que sus percepciones e interpretaciones son las nuestras. Es importante comprender que el amor no viene de este mundo, sino de la fuente creadora y de tu relación con ella, y justo desde allí le das sentido y propósito a cada relación que estableces.

No buscas "el amor de tu vida" porque sabes que el amor habita en ti, por lo tanto, sabes que no hay nada que cuidar y nada que celar. Sin embargo, cuando crees que el amor proviene de otra fuente externa, el ego te dirá que tienes que ir a cuidarlo con mucho recelo porque en su interpretación siempre estará en peligro; a partir de esa creencia puedes llegar a hacer de tu vida una tortura o actuar incluso como un desquiciado.

Pero tu sustento no está en alguien más. Cuando llegas a esta claridad te das permiso para dejar de fijar tu atención externamente y volcarla hacia tu interior, donde está tu fuente. Los celos no nacen del amor, nacen del temor. Biológica y evolutivamente llevamos esa información, en la naturaleza, sobre todo en los mamíferos, vemos que esto hace parte del círculo de protección, por ejemplo, cuando el león cuida con recelo a su pareja y a sus crías (de aquello que es considerado peligroso para la supervivencia de su especie). No obstante, la mente humana ha distorsionado esta información y la amplificó de una manera desproporcionada y enfermiza.

Los celos se superan cuando los sientes y no tienes problema por ello, cuando desde tu consciencia llevas luz y claridad a tu mente y le recuerdas que no existe nada que pueda perder. Si pierdes algo es porque realmente nunca fue tuyo, recuerda que nos encontramos en un universo impermanente y nada nos pertenece, salvo la verdad que habita en cada uno de nosotros.

Si sientes celos es porque a través de la situación y de esa persona puedes permitirte reconocer todos los miedos que albergas en tu mente. Es una gran oportunidad para sanar, para observar tus heridas más profundas: desvalorización, miedo al abandono, al rechazo, a la traición, a la humillación y a la soledad.

Posesión

De la posesión no puede surgir otra cosa que "relaciones infernales", pues detrás del deseo de poseer se oculta una profunda demencia, y es socialmente aprobada en muchos aspectos y en diversos lugares del mundo. La apropiación del cuerpo del otro solo puede ser una idea poco cuerda.

El amor no posee ni tiene objeto. Estamos acostumbrados a decir amo a ( ) porque la mente engañada lo único que percibe es forma, pero el amor real es más que una persona, cosa o situación. La mente no sabe que más allá de la forma existe el ser esencial unido a la totalidad.

No puedes ser dueño de nada, ni siquiera de tus propios pensamientos, solo existe la unidad, por lo tanto, no hay nada de lo que puedas adueñarte, es un espejismo creer que alguien puede pertenecerte. El ego se adhiere a la ilusión de la individualidad y por eso le es sencillo decir "esto es mío", la separación es la enfermedad de la mente, pues, para su pobre percepción siempre existirá un "mi", así, al sentirse desposeído de la verdad busca algo que poseer.

La mente programada se mueve entre el deseo y el temor, esta busca poseer principalmente por cuatro razones:

Por placer: para estimular los sentidos.

Por seguridad: para reforzar su autoimagen.

Por superioridad: para sentirse reconocido, importante y aceptado.

Por poder: al sentirse sin poder piensa que la posesión de algo o alguien le otorgará aquello que cree que ha perdido.

Sustitución

Sustituir es aceptar una cosa por otra, desde la visión de "Un curso de milagros" el ego ofrece el "amor especial" como un pobre sustituto debido a su desconocimiento del amor real. Hemos aprendido a "amar" de una manera diferente a la que la consciencia suprema nos ama, y así dejamos que un falso amor sustituya al verdadero. La mente programada asegura que existen las "relaciones especiales", pero para la verdad no puede existir tal cosa porque no hay excepciones ni especialismos. Se puede creer que se conoce el amor y, posiblemente, ignorar que es fácil engancharse a la manera de amar del ego, por eso es importante reconocer que aprendimos una versión totalmente distorsionada del amor, y hasta no reconocerlo no tendremos idea de lo que es el amor real.

Esta falta de amor generó la búsqueda de sustitutos. El ego te dice: busca la posesión, la belleza, la fama, la fortuna, la persona, y en ese mismo contexto, pero de una manera más profunda, lo que en realidad te dice es "busca, pero no halles" UCDM T-12.V.7.

Trata de sustituir el amor, pero el amor no tiene sustitutos. Cualquier intento por llenar vacíos a través de las relaciones humanas se da porque inconscientemente se busca sustituir el vacío ilusorio, ese que se cree que existe con respecto a su relación con la Totalidad (Dios).

Drama

Es una de las locas estrategias del ego por medio de la cual intenta resolver algo, sin resolver algo realmente. De la identificación con un pensamiento nace una emoción, si este pensamiento está fundamentado en el ataque y la culpa, una de las salidas de la mente programada es el drama con el flujo de emociones concernientes.

Siempre que dos egos se juntan hay posibilidad de drama, entonces cuando estás solo y esa mentalidad no observada también te está dirigiendo fabricas tu propio drama.

Cuando el pasado o el futuro ensombrecen el instante presente aparece el drama. Si la mente se aferra a ese drama es porque cree que obtiene algún beneficio en particular, entonces se enamora de él y de su historia, y si esta pasa de moda se fabrica una nueva.

La mente consciente que acepta lo que es, sale del drama porque no pone resistencia, deja de estar en conflicto con la vida y así sale de la dinámica del ataque y la defensa. Entre más resistencia exista hacia el presente habrá más dolor y sufrimiento, la mayor parte del sufrimiento humano es innecesario y fabricado por la propia mente. Ten en cuenta que no se trata de dejar de lado la sensibilidad, sino de abandonar el dramatismo para atender el sentir genuinamente.

Arrogancia

Es necesario liberar la creencia de que sabes cómo el "otro" debería actuar, pensar, expresarse, sentir y vivir. Ni el eterno dueño de la creación te ha dicho cómo debes vivir porque Él te ha entregado la libertad, si te lo dijera es como si te la quitara.

Confianza es creer en ti mismo, arrogancia es creer solo en ti. Una mente en este estado habla más y escucha menos, esconde una falta de confianza y muchas inseguridades. Desde la arrogancia se limitan las relaciones, no hay acercamientos genuinos, sino delirios de superioridad. La mente no se apertura al aprendizaje, al crecimiento ni a la claridad.

No es necesario hablar de más sobre los logros propios, es suficiente con reconocer y valorar los avances internamente. Tampoco se requiere ejercer control sobre los demás ni intentar defenderse de manera reactiva frente a la crítica, porque eso solo habla de la búsqueda de atención, del miedo a no ser reconocido y de la falta inconsciente de amor hacia sí mismo.

La arrogancia se sana con amor, principalmente, con amor hacia uno mismo, desaparece cuando confías en la vida, porque ni toda la atención ni las adulaciones del mundo podrían reemplazar una falta de amor propio.

Las formas en las que se relaciona una mente consciente:

Ama o aprende a amar

La vida te entrega dos opciones: amas o aprendes a amar, el conflicto es que generalmente no se quiere tomar ni una, ni la otra. El significado del amor es algo que no se puede enseñar, pero sí puedes ver toda la cantidad de obstáculos que colocas en contra del amor. Una mente despierta es una mente que simplemente ama; si no amas no podrás conectar con la paz, si no amas todo, siempre habrá algo que no llenará tus expectativas, algo que juzgas y que te dolerá.

Si no es amor es miedo, donde no aperturas tu corazón, no te acercas, ni permites acercamientos, existe una indiferencia disfrazada de "respeto", pero ese falso respeto no reemplaza las expresiones de amor. El miedo que escondes frente a cada ser con el cual te relacionas proviene de una mente que ha puesto su fe en él, allí tiene origen todo conflicto. El miedo es una suposición; cuestiona todas tus suposiciones y llévalas ante la presencia de la luz de tu consciencia.

Para aprender a amar se requiere tomar la decisión de ver al otro como es realmente, comprender que ese ser humano no es lo que hace, dice, piensa o parece. Ahora, si a la persona que quieres aprender a amar es a ti mismo también debes tener esto en cuenta, obsérvate y observa a los demás con los ojos de la verdad, independientemente de que ellos estén o no en contacto con ella.

Todo amor inicia cuando ves el amor divino en ti. Este sentir esencial te lleva a comprender realmente que no puedes ser tocado ni amenazado o herido; tu sustento no está afuera, siempre ha estado dentro. Este amor tiene la capacidad de mostrarte el camino, puedes hacerte a un lado y permitirle obrar.

El amor no cambia ni se transforma porque solo es uno, tampoco existen diferentes clases de amor, solo existe el amor consciente que está libre de expectativas y que no pide porque sabe que lo tiene todo. Tu "otra mitad" eres tú mismo siendo consciente, no está en alguien más, no necesitas buscar una "seguridad psicológica" a través de alguien, ahí no amas, temes.

El amor verdadero no se pierde, no te lo pueden quitar, no duele, no se rompe, no lastima, no es posesivo, ni obsesivo, ni dominante; es permanente, libre, desinteresado y coherente. Así es el amor divino y no existe más amor que este.

Comprende

La separación colapsa cuando se llega a comprender que el "otro" no cumple una función diferente a mostrarme lo que requiero ver y experimentar en ese preciso instante, es mi más fiel colaborador en la ruta al despertar, he convocado en armonía con la vida todo aquello que necesito para desarrollar mi verdadera visión. Mientras eso no ocurra la vida misma seguirá siendo infinitamente generosa y representará nuevamente la escena para mí.

Si realmente quieres comprender debes dejar atrás todo lo que te has enseñado, el "otro" no es el causante de tu sufrimiento, no lo ha sido, ni lo será. Las relaciones no son una batalla de poder, más bien en ellas debe estar presente la voluntad de comprender.

Ahora, toda comprensión implica comunicación, y esta no solo se presenta en el ámbito de las palabras; tu postura, tus gestos, tu actitud y tu energía también comunican.

En muchas relaciones la verdadera comunicación es reemplazada por reproches y críticas. Para poder comprender a otro ser humano es vital que empieces por comprender qué pasa contigo, observa qué activa tus mecanismos de defensa, reacción y ataque; finalmente, todo lo que nos molesta del otro –como hemos visto– nos lleva a una comprensión de nosotros mismos.

La comprensión es el otro nombre del amor.
(Thich Nhat Hanh)

La mente programada se entrena para ver deficiencias en todo, por eso vive en un estado de constante insatisfacción, así el corazón se contrae y no somos capaces de experimentar paz. Por lo tanto, la comprensión no solo es el mejor regalo que puedes darle a alguien, también es el mejor regalo que puedes darte a ti mismo.

Es compasiva

A mayor sabiduría, mayor compasión. Esta empieza por ti, qué tanto cuidas de tu cansancio, tu enojo o tu desesperación. La compasión del ego no es compasión, es lástima y pesar, de esa manera no brindas apoyo, sino que atacas mentalmente; y percibir a alguien sin poder, reducido y empequeñecido nutre las ilusiones del programa. Sin embargo, tampoco se trata de sentir lo que el otro siente, porque si ese otro está lleno de ira querría decir que debes llenarte de ira también.

Ser compasivo es vivir desde la integración y la unidad, con la certeza de que no estás separado del otro. Eres consciente de su situación, pero no reafirmas ilusiones ni participas de las creencias que lo han llevado a manifestar lo que vive, sino que eres capaz de apoyarle con el conocimiento de que aquello por lo cual atraviesa no es más grande que él mismo. Observarás la verdad oculta tras los velos de lo aparente, mas no podrás ver la paz, la grandeza y el amor profundo en el otro si antes no lo ves en ti también.

Podemos ver dolor y sufrimiento y desear quitarlo de nuestra vida y de la vida de los demás. No obstante, el sufrimiento no es más que una manifestación de nuestra profunda creencia en él, hemos creído que el mundo funciona de esa manera, pero ahora empieza por hacer ese trabajo en tu mente, libera tu fe y tu creencia en él y poco a poco abandonarás toda forma de dolor, para ti y por los demás.

Alegre

El miedo no produce alegría, el amor sí, es una manifestación del estado de gozo interno que se extiende hacia el exterior, es señal de un corazón sano, ligero y abierto. Es alegre aquel que se conoce, se acepta y acepta a los demás. Si esta alegría es verdadera no puede tener otra fuente que el amor mismo; es el estado de gratitud y de confianza del espíritu, que otorga claridad y luminosidad.

Está relacionada con la capacidad de disfrute, nos negamos a compartir la alegría porque socialmente ha llegado a ser mal visto permanecer alegre. La mente programada dice ¿cómo puedes estar alegre, con la situación de los demás o con la situación del mundo?, y te lleva a experimentar un estado de culpa por la alegría que puedes sentir, o te pone en dualidad al decirte que pronto la perderás porque vendrá la tristeza, así, sales fácilmente del estado de alegría que se gestó en ti y dejas de expresarlo y compartirlo.

La sonrisa se asocia a la alegría, es una forma de conexión, tiene la capacidad de subir la energía vital y, además, posee una capacidad sanadora, es como un masaje interior, se multiplica cuando se comparte.

*"Si exagerásemos nuestras alegrías
como lo hacemos con nuestras penas,
nuestros problemas perderían importancia"*
Anatole France

¿Con qué actitud te relacionas?, ¿cómo esperas que una relación sea fuente de alegría si tú por tu propia cuenta no lo estás siendo? Así como los otros no son responsables de tu felicidad, tampoco lo son de tus estados de tristeza o alegría porque todo se gesta en ti, todo parte de la manera en la cual te ves y ves al mundo. La alegría es la expresión externa de un espíritu libre, si se deriva de factores externos será pasajera, si, por el contrario, viene desde de ti por el simple gozo de ser, permanecerá contigo.

Libre

Cuando no prevalece la libertad en una relación es porque hay una arrogante imposición de querer satisfacer los deseos propios, lo cual no es solo una evidencia de la falta de presencia del amor real, sino que también denota una pérdida del respeto y la confianza. Al no permitirle a alguien ser libre declaras tu estado de dependencia, por lo tanto, ello demostrará que tampoco existe un estado interior de libertad. La mente programada, de manera hábil y astuta, se justificará con ideas y pensamientos que se relacionan con la protección y el cuidado de alguien, sin embargo, solo es una muestra de su profunda inseguridad y necesidad de control y posesividad.

En una relación donde la libertad se expresa de un modo natural hay una comunicación sana, honesta y abierta. Allí existe un auténtico respeto por los procesos y elecciones del otro, se tienen en cuenta sus ritmos y cambios, todo es expansivo y se encuentra libre de tensiones, sensaciones de miedo y de pérdida.

La libertad no solo se expresa frente a la otra persona, es importante que la primera sensación de esta tenga lugar en ti mismo y en tu mente. Liberarte y liberar al "otro" de tus expectativas es el primer paso, pues nadie ha nacido para cubrir expectativas y llenar vacíos. La gran mayoría de seres humanos no pueden manejar la libertad, siempre buscan atarse a algo o atar a alguien. La esclavitud no es algo que se haya abolido, aún permanece en muchas mentes, nos hemos inventado nuevas formas de esclavitud no solo a nivel de relaciones, también te esclavizas a tus posesiones, a la tecnología, y a tus propios pensamientos y emociones.

Pero esa jaula donde te has metido siempre ha tenido la puerta abierta. Ahora, liberarte y liberar requiere de valentía, fuerza espiritual y algo de sabia locura. El amor no es algo que pueda atarse ni dirigirse porque el amor real llega para liberarte.

Encuentros sagrados

Cada encuentro con alguien es como pisar tierra santa porque tienes la oportunidad de verte, reconocerte y confrontarte. Toda ruta te lleva a ti, todo encuentro ha sido elegido, cada ser nos trae un poco de aquello que requerimos aprender, trascender y amar.

En las relaciones auténticas no existe la subordinación, la desigualdad; no se compromete nuestra autenticidad porque no es necesario fingir. Se deja de vivir una farsa para caminar juntos hacia el encuentro de la verdad, establecemos contacto con aquello que somos realmente, dejamos de lado la insensatez que sentimos al creernos separados, por eso cada ser con el cual "coincidimos" es un punto de viraje donde tenemos la potencialidad de dirigir nuestra atención a nosotros mismos.

Consulta en el mapa interno de tu corazón qué ha venido a entregarte cada ser con el cual te has encontrado, no desperdicies la lección, no te interpongas más en tu propio avance porque el camino está abierto. Si te permites ver cada encuentro como sagrado podrás llegar a conectar con estados de gran entendimiento y comprensión, deja la postura de victimismo para ser dueño de tu destino. Quizá no sepas a qué o a quién te encuentres en el camino, eso es algo que no está en tus manos, lo que sí controlas es lo que decides hacer con cada encuentro: puedes hacer de ello el cielo o el infierno.

Hay una energía intangible que atrae y une a aquellas mentes que se sienten separadas, que busca establecer conexiones genuinas como un banco de peces, como si todo el grupo tuviese una sola mente, en unidad. Mas en todo vínculo debe existir un núcleo inspirador que sirva de centro, esta es la voz de la verdad que te dirigirá hasta allí, antes de eso requieres estar dispuesto para dejarte guiar.

Meditación

Toda relación está en mi mente

Paola Hun

Está en mi mente porque es ahí donde se origina, donde nace una proyección de mí mismo, pero me confundo porque lo veo en otro cuerpo, y eso me ha hecho creer que estamos separados. He elegido cómo percibirte, cómo interpretar lo que me dices, cómo responder ante tus acciones, y todas estas elecciones las gesto en mi mente. Sé que si me alineo a la claridad de una visión superior podré percibirte, interpretarte y responder ante ti de otra manera, libre de dolor, culpa y sufrimiento.

No hay manera que en este mundo dual pueda verme y reconocerme sin tu ayuda, has venido para que vuelva de regreso a mí, elijo ahora cambiar el propósito de mi relación contigo. Comprendo que no has venido a hacerme feliz, porque esa es mi responsabilidad, sé que has llegado para que despierte y sane.

Dejo de etiquetarte porque sé que eres más de lo que en este momento puedo ver, me abro a la luz divina para poder reconocerte, mi función no es aprobarte o reprobarte, dejo de intentar controlarte, cambiarte y poseerte. Gracias por cumplir tu cita conmigo en esta existencia, honro tu presencia en mi vida como fuente de claridad, liberación y trascendencia.

Restablezco mi relación con la fuente, sé que no se ha roto, pero la olvido fácilmente, comprendo que mi relación con el mundo parte de mi relación con lo divino, dispongo mi mente y mi corazón para experimentar la profunda dicha que solo se puede sentir cuando estoy en presencia de la verdad.

CAPÍTULO 7.

MÁS ALLÁ DEL PENSAMIENTO

Maestría para la mente

> *Una persona que piensa todo el tiempo, no tiene más que pensar que en los pensamientos mismos, de esta manera pierde el contacto con la realidad y está destinado a vivir en un mundo de ilusiones"*
> *Allan Watts*

Pensar no es más que un pequeño aspecto que se encuentra dentro de las funciones de la totalidad de la mente. Dentro del trabajo de gestar una renovada consciencia se encuentra la habilidad de elevarse por encima del pensamiento. La compulsión de pensamientos hace que parezcamos intrusos de nosotros mismos. Muchas personas se apegan a ellos con tal resistencia que se convierten en verdades personales o creencias.

La mente programada se concentra de manera enfática en los pensamientos negativos y descarta fácilmente aquellos que generan algún grado de bienestar. Esto también ocurre como un medio de supervivencia, pues al tener presente el programa las cosas "negativas", también puede luchar con ellas.

La palabra japonesa Zen es una traducción de la palabra china *Chan*, tomada del sánscrito *Dhyana*, que describe el estado en el cual se deja de lado el trabajo analítico o discriminativo de la mente, es decir, consiste en no aceptar o rechazar o dejarse llevar por los juicios personales que nos alejan de la verdad. *A-Citta* en sánscrito o *Mu-Shin* en japonés, traducen en esencia "pensar sin pensar", lo cual hace parte de los fundamentos del Zen.

No se trata de suspender el flujo de pensamientos, de hecho, estar en un estado de "no-mente" permite fluir en mayor facilidad con ellos. En este estado puedes estar separado de la corriente de pensamientos, la mente no se ata a las ideas, sino que permanece totalmente abierta a lo que experimenta; aquí el desgaste energético es mínimo, se está más consciente y alerta. Tampoco se trata de desconectarse del mundo, pues es claro que este se percibe, pero no se juzga ni se intelectualiza, lo cual representa la ausencia de ego, lo dejamos en el lugar que le corresponde como administrador de funciones básicas, pero no como gerente de nuestras vidas, así conseguimos apertura y consciencia absoluta en nuestras acciones diarias.

Ir más allá de los pensamientos no consiste en intentar cambiarlos o camuflarlos con otros que te resulten más agradables, debes ver dentro de ti mismo sin negarte a conocer lo que encontrarás. Desde el punto central de tu propio ser puedes ser testigo y observador de todo lo que ocurre en tu campo mental, dirige tu atención y se diligente contigo mismo.

Requieres salirte del nudo de pensamientos, desde ahí verás todo el ruido, el caos, la sobrecarga y la contaminación. Tu estado de presencia es aire fresco para tu mente, podrás ver pensamientos estancados, repetitivos o dolorosos; es una sacudida necesaria porque de esa manera se emerge de la oscuridad a la luz. Debes ser perseverante contigo mismo, el programa buscará que no veas.

La mente es un recurso valioso si se usa sabiamente. Puede ser apoyo para alcanzar nuestras aspiraciones más elevadas, aunque para manifestar grandes visiones se requiere del apoyo de la totalidad.

Los pensamientos, las emociones y las sensaciones no son la consciencia, hacen parte de esta experiencia de vida en este plano donde la consciencia se experimenta a sí misma. Están contenidos dentro la consciencia, pero la mente en sí misma es *pura*, está vacía de contenido, y nosotros hemos caído en la trampa de identificarnos con estos contenidos. Todas nuestras emociones y pensamientos, como bien se ha explicado, hacen parte de un condicionamiento sociocultural. Para la consciencia llega el momento crucial de elegir: seguir identificándose con aquello que la contiene, o finalmente reconocerse en sí misma como contenedora.

No te niegues más a la profunda verdad de lo que eres, no te aferres a lo temporal y a aquello que no tiene significado, comenzando por tus propios pensamientos. El ego no es más que eso, un cúmulo de ideas y pensamientos que no son reales, y si no son reales es porque para la verdad no existen; por lo tanto, si crees que eres tus pensamientos declararás que tampoco existes. No obstante, aunque los pensamientos no son reales, se usan para empezar a establecer el contacto con la verdad, son una vía de acceso dentro del sueño para salir de este, porque pensar es lo que hacemos obsesivamente, pero a poco y con un adecuado entrenamiento mental se trasciende el pensamiento para llegar al conocimiento.

Los estados de la mente

La esencia de la mente es solo una, cuando nos encargamos de profundizar en nosotros podemos empezar a observar desde una gran altura. Ahora, para llegar a ese estado esencial se requiere cierta madurez, y así como sucede con los frutos, esta se consigue de adentro hacia afuera, cuando estás dispuesto a ser un alumno de la vida y a quitar con firmeza todas las capas con las cuales ha estado cubierta tu mente.

Mente en entropía o caos

Es el estado mental en el cual se encuentra la mayoría de seres humanos que no se han dado cuenta del gran cúmulo de nubes que llevan en su mente. Todas las sacudidas externas te las entrega la vida para que te despiertes. Muchas veces, la sacudida es tan poderosa que destruye todo aquello que te daba sustento, son como los truenos que pueden ser ensordecedores, pero traen momentos de claridad para que puedas ver tu propio caos.

No eches a correr ni hagas como si no vieras nada. Recibir un "golpe zen" que sea capaz de revelar tus comportamientos inconscientes y todo lo que puede estar estancado en tu vida en ese momento, puede ser un gran regalo si quieres salir de ese estado. Puede que tome algo de tiempo limpiar el desorden que habita en tu mente, pero si te ocupas de ello encontrarás muchos tesoros que permanecían ocultos.

Entre más limpies menos caerás en esos hábitos mentales que te mantenían somnoliento y caótico. Dirige tu atención a nutrirte mentalmente a ti mismo y ocúpate de lo esencial, revisa cuáles son tus prioridades, deja de hacerle caso e identificarte con todo lo que pasa por tu mente, es como si te comieras todo lo que ves, puedes terminar indigestado.

Mente en discordia

Es el estado mental donde reina la duda, la preocupación y la incertidumbre incómoda, sus condiciones son inestables y se ha perdido la fe. Si bien no es una mente que se encuentre en un caos absoluto, su situación es tenue y aún permanece la sensación de agotamiento y cansancio mental.

Este es el momento oportuno para cambiar de enfoque, no actúes por presión o porque sientas que te empuja tu propia impaciencia, tu autodominio y perseverancia están siendo probados. Es importante que te sostengas y seas fiel a ti mismo, te reconozcas, notes lo que has logrado; es tiempo de renovarte y empezar a entrenarte para retirarte del pensamiento y descansar en el ser, de lo contrario, podrás identificarte con la bulla mental, observa lo que surge y suéltalo, puede ser que necesites un poco más de silencio en tu vida. Si no puedes sentarte y permanecer inmóvil la vida te hará correr hasta que caigas de agotamiento. Observa tus palabras y tus acciones cuidadosamente. No eres una víctima de las circunstancias, sino de tus propios pensamientos.

La mente inspirada

Este estado mental se caracteriza por estar cargado de una energía que no parece de este mundo, te sientes inspirado, entusiasmado, con ganas de dar y recibir. Empiezas a estar en armonía con tu entorno, estás conectado con la gratitud. Puede ser que a muchas personas tu estado mental les resulte abrumador, sobre todo si su mente se encuentra en caos, pero no permitas que eso te saque de tu centro, el reto es que no te distraigas y estés alerta.

No caigas en delirios de grandiosidad porque no estás en una posición superior o inferior a otros, cada uno se encuentra en su proceso y recorriendo su camino. Tampoco te ensombrezcas con el fin de encajar. Ten los pies en la tierra y la mirada fija en el cielo.

La plenitud puede alcanzarse cuando has desarrollado el potencial que viniste a expresar al mundo. Debes hacer un uso correcto de ese estado de tu mente, incrementa todo lo que sea enriquecedor para ti y para los demás, expándete, tu mente es un terreno fértil.

Mente en paz

Aquí la mente se encuentra en un estado de profunda quietud, lo cual no depende del entorno continuamente cambiante de la vida. Existe una profunda sensación de bienestar y libertad, es una manifestación del cielo en la tierra, se ha aprendido que todo es un flujo y te mueves en armonía con él, tu visión interna se expande y te conectas con el entendimiento o la verdad.

Tu percepción cambia, no hay juicios, tu corazón se abre, te liberas de las expectativas, abandonas la lucha interna, pero no te dejes llevar por la arrolladora sensación de liberación y euforia, entrégate al regocijo de manera consciente y serena. Esta es una mente que ha iniciado un gran trabajo de perdón porque se ha liberado del juicio, ha perdonado al mundo y se ha perdonado.

La mente Uno

Este es un estado mental de gracia absoluta, de consciencia plena, de unión con la totalidad. Aquí la mente se ha dado cuenta de que no es individual ni privada, por el contrario, entra en profunda comunión con la consciencia absoluta, con la verdad suprema y se funde con la mente de Dios.

Para llegar a este estado no se requiere abandonar el cuerpo físico, pero sí la vieja identidad. Aquellos que han llegado aquí obtienen una profunda luminosidad que emana desde adentro, un brillo natural imperecedero que trasciende lo cognoscible.

Desde este centro mental tenemos la capacidad de crear con el mismo amor y la belleza con la cual hemos sido creados, pues podemos experimentar que todo emana de la misma fuente y que nosotros hacemos parte de ella. Al sentirnos separados de toda la creación nos excluimos nosotros mismos del paraíso.

Esta mente es sabiduría que purifica lo falso, lo superfluo, se vive de manera creativa. Tu sola presencia pondrá de manifiesto —sin esfuerzo alguno— la oscuridad y la ignorancia de cualquier tipo, puedes apreciar quién eres y ofrecer esa unicidad a los demás. Tu vida se convierte en tu oración, en tu meditación de abundancia y plenitud.

Las cualidades naturales de la mente

Creatividad

La mente te dirá que con el pensar y pensar es cuándo te encuentras con la creatividad, sin embargo, solo creas cuando se expresa la consciencia. Ir más allá del pensamiento es conectar con el potencial supremo, así abandonas las expectativas, y te entregas a la posibilidad de ser flexible y recibir la información que ha de manifestarse a través de ti. En la receptividad brota la inspiración. Lo creativo es energía *yang* (dadora) lo receptivo es el *yin*.

La creatividad aparece cuando lo divino quiere expresarse y tú eres el canal, por lo tanto, requieres estar consciente para canalizar esa energía con el fin de obtener no solo un bien personal, sino más bien expansivo. A lo creativo no se le puede forzar porque es una dinámica que fluye, sin embargo, este se obstaculiza en presencia del programa que siempre está insatisfecho. En cambio, cuando solo eres receptivo, la totalidad te entrega la perspectiva más elevada de lo que requiere crearse.

Mantente en contacto con tu voz interior, confía en ella, lo creativo no va con la ansiedad, porque todo se revela por sí mismo, date el espacio y el tiempo para que se exprese, pero cuando tu sabiduría interna te guíe y te muestre, no dudes. Tu mente receptiva funciona como un útero, en ese estado te encuentras en sincronía con la vida y lo único que necesitas es abrirte a la guía que emana cuando te conectas con el aquí y el ahora.

Imaginación

Tu imaginación, por lo general, siempre está coloreada por tu estado de ánimo, es una de las herramientas esenciales de manifestación, por lo tanto, debemos asumir con responsabilidad lo que nos permitimos crear a través del pensamiento. En una mente poco entrenada es común que la imaginación sustente al ego y sus ilusiones.

Tu imaginación es la semilla de algo con lo cual puedes plantar semillas estelares o infernales. El programa velará por mantenerte hipnotizado con sus ficciones, de modo que si quieres usar adecuadamente esta poderosa cualidad debes conectar con la sabiduría de tu corazón y enfocarte en imaginar aquello que quieres en tu vida, no en aquello que no quieres, porque lo estarás fabricando.

Discernimiento

Es la habilidad para diferenciar la verdad del error. Cuando existe un colapso de comunicación dentro de nosotros mismos es complejo notar esa diferencia, el programa no puede discernir porque no conoce la verdad. Ello consiste en darte cuenta de quién gestiona tus pensamientos, emociones y sensaciones, pero para desarrollar esa capacidad de discernimiento tendrás que desarrollar la capacidad de observación. El ego no es inteligente, es astuto y con astucia tratará de reemplazar su ignorancia, no le interesa que desarrolles esta cualidad porque así dejarías de escucharle.

El discernimiento no viene de las interpretaciones personales, sino de la claridad que otorga su estado de presencia. Al no usar esta capacidad se estará mentalmente ciego, se andará a tientas por la oscuridad. Para discernir deberás estar dispuesto a cuestionarlo e indagarlo todo, principalmente cada una de tus opiniones, pensamientos y comportamientos. La luz reveladora de esta capacidad llega con mayor facilidad cuando estás dispuesto a reflexionar; etimológicamente "reflexión" viene del latín *re-flectus,* y en física esta palabra se utiliza para indicar el momento en el cual la luz llega a la superficie de un objeto y este, a su vez, la refleja, es decir, recibimos y reflejamos esa luz.

Inmutabilidad

La mente nunca ha cambiado, siempre ha sido, es y será. Una cosa es la mentalidad, otra la mente. La primera puede cambiar al elegir con qué sistema de pensamiento experimentar el mundo y a ti mismo; quizá, el sistema de pensamiento del ego es el que has seguido y defendido hasta este momento. Pero, en cambio, la mente real solo es una y es tan inmutable como la verdad, fue creada eternamente, no se halla sometida a ninguna condición temporal porque la inmutabilidad es un atributo de Dios, por lo tanto es inalterable.

Esta cualidad es una de las perfecciones divinas, por eso la verdadera mente no evoluciona, crece ni se mejora, no puede mejorarse lo que es perfecto porque es así como fue creada. El problema al cual te enfrentas es que sustituyes la inmutabilidad de tu mente por los delirios de cambio y mejora que te trae el programa, cuando lo que realmente requieres es elegir estar en contacto y relación directa con tu mente original. Puede que sientas que el camino de la verdad es un ideal imposible, pero en realidad está tan lejos como tu próximo paso, lo único que necesitas es abrirte a la guía interna que te acompaña.

Entendimiento

Esta cualidad permite comprender la realidad desde una perspectiva elevada, a través de la cual se accede a la esencia de las cosas. "Un curso de milagros" enseña que no es posible llegar por nuestros propios medios al entendimiento, pues, para ello se requiere asistencia divina; solo el deseo de querer entender basta para que la consciencia absoluta pueda obrar en nuestra mente. La inteligencia es una señal de entendimiento, pero no es el entendimiento mismo, el verdadero conocimiento y entendimiento se manifiesta cuando observas cuidadosamente y eres sensible a los procesos que cambian dentro de ti y en tu entorno, no es algo que surja del continuo pensamiento, porque lo sientes en el corazón, te hace crecer y te expande. El programa querrá entenderlo todo, mas el verdadero entendimiento supera su limitada razón; cuando entiendes realmente, sueltas la necesidad de querer entender y te reajustas con tus ritmos internos y sutiles, te enfocas en escuchar qué te dicen los hechos y no las ficciones.

Tu estado de consciencia se relaciona directamente con tu capacidad de entendimiento, cuando está presente hay discernimiento e integridad en todo lo que haces. Con el entendimiento el ego se agita porque es posible que no se cumplan sus mandatos, él siempre promocionará agresivamente su manera de ver el mundo.

El entendimiento te permite poner
consciencia a la existencia

Atención

Puede definirse como dirigir el enfoque de la consciencia a voluntad. Sin atención no puede haber una observación profunda. Permanentemente caminamos por una fina línea entre los impulsos del programa y nuestra consciencia esencial que la atención se requiere de manera indispensable, pues el ego fácilmente actúa conforme a los hábitos, patrones y programas. Sin una atención dirigida el comportamiento es automático.

La mente programada es una gran actriz, si tú no diriges tu atención ella hará que te enfoques en las películas que reproduce en tu propia mente, no obstante, una mente entrenada fluye fácil y ligera a donde la dirijas. Ten en cuenta que la energía sigue el pensamiento, por eso tu realidad también está determinada por aquello a lo que le entregas tu atención, de lo contrario la mente estará como un mono que anda de rama en rama, es decir, de un pensamiento a otro. Si te enfocas en los problemas, estos sin duda aparecerán por todos lados. Al centrar tu atención no solo tendrás fácil acceso a todo lo necesario para apoyar lo que es útil para ti, tampoco te distraes con la euforia emocional que de vez en cuando llena tu cabeza, mantienes amplia tu perspectiva, permaneces dispuesto a escuchar, mejoras tu relación con los demás porque mejoras tu relación con el instante.

Llevas contigo un tesoro que quizá no habías percibido hasta ahora. La atención hace que aquello en lo que te enfocas se expanda. Desde este punto puedes dirigirte conscientemente hacia lo que quieres manifestar, sin dejar de estar alerta y centrado en ti mismo. La atención es como una ola que te lleva justo donde quieres ir, comprender esto de verdad y en lo profundo de tu ser, no solo intelectualmente, te dejará ver cómo la dinámica de la vida siempre te acompaña y te trae aquello en lo que has elegido enfocarte.

Concentración

Te encuentras en un estado de concentración cuando tu atención persiste en determinado enfoque, su fruto es la quietud mental, es decir, dejas de distraerte en el mundo de las formas y entras en la paz. Cuando la mente se aparta del estado de concentración es atraída o fijada en cualquier objeto, cosa, persona o situación, vaga sin sentido y sin rumbo alguno.

Esta es una cualidad que fortalece la mente y la agudiza, es la base de la meditación. No se trata de razonar sobre aquello en lo que te enfocas de manera sostenida, pues eso solo genera agotamiento mental; por el contrario, cuando te *concentras* de manera genuina puedes ir más allá del bullicio de la mente y obtener una visión profunda y desapegada de lo que observas, pones fin a la guía de los pensamientos compulsivos. No es nada que tengas que "hacer" de manera seria, llegar a un estado de verdadera concentración es algo que puede sentirse de manera natural, como aire fresco para tu mente.

El enfoque que proviene de la verdad te dirá: "soy todo lo que percibo, todo lo que es, reside en mí". Si te lo permites, podrás notar que no hay separación entre el observador y lo observado, llegas a un estado de *contemplación* donde puedes experimentar la naturaleza profunda de las cosas, aligeras tu mente y tu corazón se torna sereno.

Pureza

La mente en estado de pureza no es alterable por el pensamiento programado, al ser una extensión de la totalidad está llena de gracia e inocencia. Nuestra verdadera mente es clara, luminosa y atemporal, por ello mantenerla en ese estado es un desafío. Los bebés y los niños pequeños irradian esta cualidad porque aún no han sido programados para tener referencias, el programa te dirá que al reafirmar esta cualidad serás vulnerable. No se trata de torpeza, sino de permitir que la mente original habite en ti de modo que purifique o limpie todo lo que no esté alineado con ella y responda a lo que *es* con claridad.

Metacognición

Observar lo observado es desarrollar consciencia sobre los procesos de pensamiento. Si vives tu vida corriendo de forma acelerada te privarás a ti mismo de la riqueza de tu propia experiencia, nos perdemos de mucho cuando nos apartamos de ver como pensamos. Esta cualidad también permite que modulemos nuestros pensamientos, la atención, las emociones y la conducta.

La metacognición incluye el conocimiento que tenemos de nosotros mismos porque así contemplamos los dominios internos de nuestro propio ser, nos familiarizamos con el paisaje interior, notamos los patrones de conducta y de pensamiento a los cuales estamos sujetos. Te darás cuenta de que desarrollas tu capacidad de metacognición cuando notas los entendimientos que alcanzas al estar observando, y desde allí puedes ver objetivamente los resultados de tus acciones, que fueron a su vez resultado de tus propios pensamientos, evitas la tendencia a actuar por "la vía rápida" y tomas una postura de liderazgo interior porque se desarrolla una habilidad para detectar y frenar cualquier truco de la mente programada que te haga reaccionar desde la inconsciencia.

Comprensión

Es una mente que goza de una profunda adaptabilidad, sintoniza con las corrientes de cambio, puede permanecer alerta y sabe actuar con decisión cuando es el momento. Es la llama fresca de la consciencia que no se basa en percepciones e interpretaciones, y permite que tu mundo interior se encuentre en armonía pues ha dejado atrás la ignorancia. Este estado de comprensión lo dirige *tu voz interior*, tu propia consciencia que sabe que el amor es su realidad esencial y busca que conectes permanentemente con tu derecho básico: la paz.

La comprensión es el lenguaje de la verdad y está disponible para ti, te susurra todo el tiempo, y cuando finalmente dejas que te guíe el efecto es transformador: tu actitud es de confianza, de amor incondicional e infinito, es una posición de poder porque contiene sabiduría

Llegar a un estado de comprensión es alcanzar un estado de liberación. Esto nadie puede hacerlo por ti, solo tú tienes la llave, cuando eres la comprensión tienes la posibilidad de dar saltos cuánticos y lo que antes era para un gran reto ahora será un gran avance, apreciarás aún más los ciclos y el flujo de la vida, te conviertes en un amoroso testigo de tu mente, te arraigas en el ahora y no te dejas llevar por las emociones.

Meditación

Atiendo a mi verdadera mente

Paola Hun

Mi verdadera mente siempre ha estado ahí para mí, desde el origen. Nada puede alterar lo que mi mente realmente Es, por que fui creado invulnerable. Mi parte física, mi parte humana puede sentirse vulnerable, pero quién soy realmente, esa mente que hace parte de la totalidad es sagrada, inmutable e imperturbable.

No permito que la mente programada interprete el mundo por mí, no dejo que siga dándole sus significados, le doy la vuelta a mi forma de entender la realidad, reconozco que mi única necesidad es el reconocimiento de mi propio Ser. Por encima de todo estoy

dispuesto a ver de verdad, a ver la luz en cada instante, entreno mi mente para que manifieste su poder, esté atenta y deje de enredarse en ilusiones y espejismos.

Dejo de tejer historias de miedo, mi mente es capaz de reproducir todo lo que yo siembre en ella, tiene la capacidad de dar origen a una vida milagrosa o miserable, todo depende a qué mentalidad estoy dispuesto a escuchar. Dejo de jugar el juego de creerme una persona, salgo del bucle de incesantes pensamientos que me llevan a distraerme de mi mismo y de mi único objetivo, la paz.

CAPÍTULO

8. MENTE ABUNDANTE

No hay vacíos que tengan que ser llenados, tan solo una abundancia que requiere ser reconocida"
Paola Hun

La abundancia es tu derecho natural, no algo que debas luchar por conseguir o experimentar. Cuando se habla de esta, la mente programada te trae pensamientos relacionados con el dinero, sin embargo, la abundancia es más que los ceros a la izquierda de tus cuentas bancarias o de las comodidades que creas tener o no, posiblemente también has observado a seres humanos que aunque viven en mansiones sienten un abismo por dentro.

La verdadera abundancia te fue dada, quizá has renunciado o renuncias a ella con cada pensamiento de carencia y vacío al sentir que aquello que experimentas es incorrecto. Imagina cuánta abundancia puede existir en una mente que sabe que eso que vive hace parte de su experiencia de vida en ese instante, y se abre con confianza a lo que surge. No es inacción, pasividad o mediocridad, se trata de que dejes de experimentar tu vida en carencia permanente y hagas aquello que realmente disfrutas, por más que eso demande una cantidad de energía física de tu parte, conectar con aquello que amas fluye y es natural, para ti habrá una recarga continua de energía cósmica que te acompaña, desde ahí notarás que el tiempo no existe, dejarás de perseguir la abundancia para sentir que Eres la abundancia misma.

Los dones existen dentro de ti como regalos de la vida, desde la expresión de estos puedes ser infinitamente abundante, pero crees que hasta tus propios dones debes conseguirlos con esfuerzo. Las habilidades pueden desarrollarse, los dones, en cambio, vienen ya desarrollados en ti y están a la espera de que les permitas expresarse. Si no sabes qué dones te acompañan recuerda tu infancia, a qué jugabas, qué llamaba tu atención, qué te deslumbraba, qué hacía aflorar tu felicidad. Hay un genio dentro de ti en algún arte, área o labor, muchos genios han pasado por este mundo sin entregar su infinito potencial, pero el espíritu divino sigue obrando continuamente a través nuestro por medio de esos dones, si no le permites al espíritu obrar a través de ti, lo hará a través de otra consciencia que se lo permita.

Una mente abundante está libre de avaricia o egoísmo, la avaricia está presente cuando se cree que se puede estar en carencia. La voluntad divina no es que te percibas como un ser escaso, si experimentas escasez es importante que te dirijas a la causa que ciertamente no está afuera, pues tanto la escasez como la abundancia tienen su origen en la mente, en la percepción que tienes de ti mismo y de tu identidad.

Tu valor no está dado por el dinero

Tu valor te fue dado antes de que llegaras a este mundo, no existe nada que te lo pueda dar o quitar. Entre más abundante te sientas, más expresiones de abundancia experimentarás.

Frecuentemente no notamos lo abundantes que somos por estar demasiado ocupados tratando de ver lo abundantes que son otros. Por eso, a continuación, te hablaré acerca de las acciones diarias que desarrolla una mente abundante, no las llamo hábitos porque estos, nos aporten o no, también son programaciones mentales a las cuales accedimos voluntaria o involuntariamente, en cambio, las acciones diarias conscientes dejan de lado el plano inconsciente y el piloto automático para ser dirigidas desde un estado de profunda presencia.

Se responsabiliza

Una mente abundante sabe que el origen de todo lo que percibe se encuentra en sí misma, por lo tanto, se hace responsable de ello. Sabe que el origen de la escasez no se halla en el gobierno ni en su tipo de trabajo, ni en la economía, ni en su entorno, estas solo son manifestaciones de la profunda creencia en la escasez. Creemos en ella porque a nivel inconsciente existe la sensación de pérdida de conexión con Dios, nuestra fuente de abundancia ilimitada, y aparece nuevamente el virus de la culpa que cierra nuestros canales de abundancia, así, sin darnos cuenta nos negamos a recibir porque nos sentimos culpables.

La mente limitada y escasa busca satisfacer sus deseos desde la necesidad, lo cual le generará sufrimiento, si estás en esta situación es porque has olvidado quién eres. Si supieras que haces parte de la totalidad comprenderías que en ella no hay carencia, por eso tampoco existe en ti. El principio está en desvanecer la ilusión de "falta"; para el mundo el medio es la abundancia (o el dinero en algunos casos), por el contrario, desde la visión del espíritu el medio es el cambio de la percepción acerca de ti mismo.

Suelta

Una mente abundante no se aferra a personas, situaciones, pensamientos, emociones o cosas, pues todo es cíclico y transitorio, además, está abierta a eliminar lo viejo o aquello que no le funciona.

Para la mente programada desprenderse de algo muchas veces le resulta devastador, no obstante, un estado de verdadera abundancia reconoce que a veces menos es más.

En ocasiones es necesario liberarse y conectar con lo esencial, al acumular (lo que sea) eso se convierte en una carga. Soltar es un acto consciente que te lleva a simplificar tu vida, por eso suelta voluntariamente actividades mentales que drenan tu energía, amplía la perspectiva de la vida, aliviana tu carga y aprecia genuinamente lo que ha de mantenerse contigo.

A veces podemos sobrecargarnos al abrirnos a demasiadas cosas nuevas sin tener la intención de soltar las viejas. Ten presente que, a pesar de ser preciadas en su momento, puede que ahora no sean beneficiosas para ti.

La naturaleza en su gran sabiduría hace todo lo necesario para continuar su curso, en cambio, la mente humana busca aferrarse y por ello fabrica en ese mismo acto una fuente de dolor. Cuando creas que las cosas se derrumban no te derrumbes con ellas, date cuenta del poder transformador que trae consigo esa situación.

Soltar es la dieta del alma, inicialmente puede costar, pero al ver sus beneficios comprenderás que hay muchas cosas que quizás intentas retener y que realmente no necesitas, pues limitan tu bienestar y tu estado de paz. Cuando eres consciente de ello, soltar deja de ser un *adiós* y se convierte en un *gracias* por todo lo aprendido y lo comprendido.

Agradece

Una mente que pone en práctica el agradecimiento es una que está atenta a los detalles, que observa y aprecia el movimiento de la vida, capta incluso los instantes que pueden parecer simples o aquellos que son fugaces. Una manera simple y poderosa de liberar tensión y cambiar de estado mental es entrar en sintonía con la gratitud, no se trata solo de agradecer, sino de vibrar gratitud, ser la gratitud misma.

Quien siente gratitud está conectado con el instante en un estado de presencia plena, se llena de energía milagrosa. Dar y recibir son dos caras de una misma moneda, cuando *das las gracias recibes gracia* (favor/beneficio).

La verdadera gratitud es un estado de real aprecio y tiene la infinita capacidad de llenarte de energía vital, no hay lugar para la ira, la queja, el juicio ni la preocupación, es cambiar el dial de la emisora y sintonizar con la estación de la abundancia. Quién siente gratitud experimenta abundancia.

La verdadera gratitud no es dual, no se agradece y se tiene un trasfondo de miedo por pensar que aquello por lo que agradeces puedes perderlo en algún momento. La genuina gratitud llega con el amor, cuando abres tus ojos y te encuentras en conexión con todo, sientes y recibes el instante, experimentas la luz que habita en lo que ves, aceptas y abres tus brazos a la vida, al amor y al mundo.

Comparte

Solo puede compartir quien sabe que es abundante, es una forma de ser y ver el mundo que te rodea. Es un estado de consciencia donde conoces que eres fuente y que la fuente te habita. Compartir es el movimiento del espíritu: has venido a compartir y a compartirte, tus dones te fueron dados para ello.

Compartir es sinónimo de abundancia, nadie puede dar lo que no tiene. La mente programada te hará creer que si das te va a faltar en algún momento o también puede juzgar para ver quién es digno de recibir lo que vas a compartir (como si el árbol juzgara a quién le comparte sus frutos). Un acto de auténtico compartir llena de abundancia a ese que da y, asimismo, a aquel que recibe.

Cuando eres abundante compartes sin esperar ser retribuido por ello, esos son negocios del ego. Hay un caudal infinito para ti, pero si crees profundamente en la escasez tendrás un caudal infinito de escasez. Tu creencia es tu oración.

Confía

Confía en aquello que crees, por eso revisa a qué le entregas tu devoción a través del pensamiento. Si eres fiel devoto de la creencia de que todo es limitado no esperes encontrar panoramas abiertos en tu vida; si te abres y confías en que no hay límites para una mente abierta a recibir, así se te concederá.

La palabra confiar viene de "tener total fe o lealtad". A qué ideas acerca de ti mismo y de aquello que te provee le eres leal. Confías cuando la luz de tu mente sale a la superficie y el ego tiembla ante esta postura porque busca controlarlo todo. No has sido entrenado para confiar, pues te han enseñado a basarte en un mundo de estructuras y miedos.

Cada instante es un universo que nace, fuiste creado para vivir y no para huir, confía en que todo pasa y tú permaneces, todo ocurre para ti, para que despiertes y recuerdes quién eres, confía en que nada puede sacarte del camino porque tu camino será lo que nazca frente a tus ojos.

Crea

Una mente abundante es una mente creadora en esencia, es una extensión del absoluto, por tanto contiene todo el potencial creador. La energía creadora siempre está presente en estados de abundancia, primero se manifiesta en la dimensión mental, y luego en el plano físico o material, porque lo invisible genera lo visible. Cuando no creas de manera consciente fabricas desde programaciones, lo cual no es un proceso creativo.

No puedes renunciar a tu don creador, pero sí puedes ensombrecerlo con la poca fe y credibilidad que tengas sobre ti mismo. La creación es la actividad en la mente de Dios, tú eres fruto de esa mente y sus dones también habitan en ti, se te ha dado esa posibilidad. Encauza esa poderosa cualidad, mantente alerta y sé consciente de tus decisiones. El divino poder de elegir es uno de los recursos más valiosos que posees para crear, vela para que todo lo que surja de ti sea nutritivo, solidario e inteligente, así entrarás en el círculo de la abundancia universal.

Ama

Si hay amor habrá abundancia, y si hay abundancia hay amor. Son dos frecuencias que actúan simultáneamente, incluso en su trasfondo son una sola. Una mente abundante es expresión continua, genuina y honesta, una extensión de la verdad y el amor esencial. Al potenciar esta energía en ti potenciarás abundancia.

El amor quiere irradiar a través de ti y extenderse, amar es estar conectado con la fuente e irradiar esa conexión. Un conocimiento de ti mismo te llevará a conocer el amor, y, asimismo, al conocer el amor tendrás la posibilidad de conocerte.

Amar es aceptar todo como es, lo cual no es compatible con la mente programada que continuamente busca cambiarlo todo por su estado de permanente insatisfacción. La mirada del amor es una llena de fortaleza y a la vez de inocencia, no está ligada al mundo de la forma, trasciende lo físico; esta visión te permite una vida de dicha, fruto de alinear tu mente con el *Amor*, en ello consiste el verdadero estado de realización.

Meditación

La abundancia es mi herencia

Paola Hun

En algún momento me experimenté siendo abundante, pero poco a poco lo fui olvidando. Empecé a prestarle atención a lo que me dijeron que no tenía y lo creí con tanta fuerza que lo manifesté, me dijeron que lo que quisiera conseguir solo me lo podía entregar el esfuerzo, que la lucha debía ser mi apellido si quería llegar al lugar donde me dijeron que podía sentirme abundante.

Nunca supe que ya soy todo, pero al no reconocerlo sentí carencia y fabriqué carencia en mi vida y dirigí mi atención a ese falso estado, dejé de enfocarme en todas las experiencias nuevas y maravillosas dando por sentado que todo tan solo hace parte del paisaje. Ahora sé que mi abundancia no está en el pasado ni en el futuro, está justamente en este instante, la pobreza no es más que una creencia, un estado de consciencia.

Me abro a recibir todo lo que el universo tenga para ofrecerme, dejo de postergar mi abundancia y prosperidad, sé que me encuentro bajo la ley de mi propia conciencia, siento profunda paz y felicidad al experimentar mi abundancia y al verla en los demás.

Mi abundancia externa es un reflejo de mi abundancia interna, formo parte de un universo de posibilidades milagrosas, cualquier pensamiento o acción que me separa del amor me aleja de experimentar mi propia abundancia, he sido creado para volar con todo el alcance de mis alas, estoy dispuesto a liberar mi potencial ilimitado, lo que requiero está disponible para mí en todo momento, me encuentro listo para recibir mi herencia.

CAPÍTULO 9.

RECORDANDO EL ORIGEN, DESPERTANDO DEL SUEÑO

La unidad

No caminamos hacia ninguna parte, no existen caminos porque no hay distancia"
Paola Hun

Dentro de la numerología podemos imaginar los ciclos de los seres humanos como una espiral ascendente que inicia en el número uno y finaliza en el nueve. El *uno* simboliza el "yo", la individualidad, el inicio y el impulso creativo, que luego le da paso al número *dos* donde se forma la dualidad, "tú" y "yo", dentro-fuera, arriba-abajo, oscuridad-luz. Posteriormente, se abre paso al número *tres*, la creatividad, la fertilidad y la gestación; y al *cuatro* que trae la manifestación en la materia; luego, al *cinco* que llena todo de energía y movimiento; seguido del *seis*, la expresión de esta energía en su más alta vibración, el amor, quien llega a iluminar la mente donde aparece el *siete*; con el *ocho* llegó el poder y la abundancia; y, finalmente, apareció el *nueve*, que con su infinita sabiduría retornó a la unidad, a la totalidad.

Nosotros nos movemos por todas estas etapas de manera inconsciente. Este movimiento es un viaje interno y sin distancia, pues nunca nos hemos separado de la totalidad, a ella siempre permanecemos unidos; sin embargo, hemos fabricado la separación dentro de nuestro sueño, y así lo hemos creído: que debemos regresar a nuestro hogar, del cual nunca nos fuimos. En la dimensión física podemos experimentarnos separados porque así lo afirman los sentidos, pero en las dimensiones sutiles esto no es posible. Emprendimos el viaje humano mediante la desidentificación con nuestro origen, el sueño es la proyección de una mente separada que se sumerge en una matriz tridimensional.

El vacío inconsciente hizo que el hombre se convirtiera en un depredador material, emocional y social, olvidó que es Uno con los demás y se sumergió en la competitividad, la lucha y la "soledad". Cegado por su supervivencia no se ha permitido ver el Espíritu dentro de todo, por eso cada ser que sale de ese letargo es un trozo de velo abierto para el resto de la humanidad.

La ilusión está compuesta por la dualidad y más aún por mentes individuales soñando historias individuales. La mente ha sido proyectada hacia afuera, ahora la ruta es volverla hacia adentro, al punto original de consciencia y para que eso ocurra se deben utilizar algunas herramientas.

Autoindagación

Este proceso nos permite desmontar capa por capa todos los velos que interpusimos en nuestra relación directa con lo absoluto y eterno. Aquí se da una disociación entre mi "yo" pensante y mi "yo" observador, quien tiene la capacidad de ver cómo piensa ese yo pensante, que será quien te muestre cómo ves el mundo y las situaciones que llegan a tu vida, porque claramente lo que ves no es lo que te mueve internamente, sino la manera de interpretarlo con base en lo que has percibido, por lo tanto, es importante recordar que lo que te sacude por dentro son tus propios pensamientos.

El principio de esta práctica es poder llegar al origen de todas las respuestas, que está en ti mismo. Esta es la clave del autoconocimiento y tiene la capacidad de trasladarnos a los planos más profundos de nuestro ser, donde podemos tomar consciencia de nuestras reacciones y explorar por qué las tenemos; indagar qué tan necesarias son determinadas actitudes nos permite ver lo que tenemos delante de nosotros, es como un espejo, sabrás que estás en un proceso de autoindagación cuando dejas de señalar o culpar a otros, sales de la dualidad y empiezas a escuchar lo que te comunican tus emociones, tus pensamientos y tu cuerpo.

La autoindagación nos lleva a la investigación incesante sobre la naturaleza de cada pensamiento, nos dirige al encuentro puro de la consciencia de Sí mismo, el *yo puro*, nuestra esencia eterna y libre de ignorancia, de todo pensamiento o ilusión. Esta es una práctica que requiere la autoatención de los contenidos mentales, así como las experiencias físicas y emocionales; conforme se practica es más un proceso de Ser que de hacer, no se limita a algunos instantes del día, pues con ella se busca incorporar poco a poco esta valiosa herramienta en todas nuestras labores y momentos.

Integración

Una vez se indaga a un nivel profundo veremos los contenidos mentales que van y vienen. Con esta capacidad de discernimiento nos daremos cuenta de todo lo que emerge de la mente errónea, que es la casa de la culpa inconsciente, la razón de la existencia del ego y por eso la esconde a la vez que la reafirma y nos lleva a repetir historias una y otra vez. Es como un gran edificio con muchas puertas, de las cuales solo una conduce a la salida, a esa puerta sólo se puede llegar con sabiduría y para eso se requiere de la integración.

Así como a nivel emocional se integran las emociones, de la misma manera hemos de integrar pensamientos, personas y situaciones, desnudarlas de nuestras propias interpretaciones para comprender que todo es neutro, y que somos nosotros quienes a través de nuestra percepción lo llevamos al plano dual de lo positivo o lo negativo, lo bueno o lo malo.

En todo lo que observamos hay un factor existente y otro no existente. El no existente es el que fabricamos a partir de las programaciones adquiridas, es cambiante, impermanente e ilusorio; mientras que el existente es el eterno, trae la luz de la verdad. Integrar es comprender que no existen opuestos sino complementarios, en oriente ello se simboliza con el *ying* y el *yang*, los sabios toltecas les llamaron a estas dos entidades *El Tonal y El Nagual*, las cuales forman una unidad. El *Tonal* está relacionado con el cuerpo y la percepción que tenemos del mundo con base en los sentidos y la razón. El *Nagual* es lo imperecedero donde reside nuestro poder, lo que se encuentra en relación directa con el absoluto.

El observador superficial puede entrar en conflicto si excluye la una o la otra, pero quien excluye es el ego porque la consciencia integra, lleva la ilusión ante la luz de la verdad donde deja de existir la dualidad y aparece la unidad. Eso es lo que hace un obrador de milagros, deshace las ilusiones, no a partir de la lucha, sino de la integración, nada es negado, todo es abarcado.

Perdón

Para conectar con el perdón real, consciente y verdadero, quizá necesitas olvidar todo lo que sabes del perdón. Que así como te lo muestra el programa, el perdón es una forma de sufrimiento, donde, desde un lugar de superioridad y arrogancia se emite el "perdón" a quien crees que te ha hecho daño, para ello el ego busca asegurarse de que la parte implicada haya experimentado tanto o más dolor del que tú experimentaste para poder absolverlo y perdonar.

Perdonar no es olvidar, los momentos más dulces y los más amargos no pueden ser olvidados. Perdonar es recordar lo ocurrido sin ninguna carga emocional ni resentimiento, lo cual no se relaciona con la resignación, pero sí con la aceptación, por ello el acto seguido de la integración es el perdón. Desde una visión metafísica el perdón consiste en reconocer: lo que pensaste que otro te hizo o tú mismo hiciste, nunca ocurrió en realidad. En el sueño parece que ocurrieran muchas cosas, que estuviese desarrollándose un guión, pero fuera del sueño, en la verdad, podemos ver la falsedad de esos guiones de dolor y sufrimiento, llenos de culpa y "pecado". El verdadero perdón no perdona esos pecados porque así le otorga realidad, en un estado consciente reconoceremos que no existió ninguna falta, que no te han hecho ni le hiciste daño a nadie porque nada que sea real puede ser tocado.

Si aún crees que te han lastimado es porque aún te identificas con tu cuerpo y el sistema de pensamiento que hace que las ilusiones parezcan verdaderas. El problema radica en creer que eso que requieres perdonar es verdad, el perdón se limita exclusivamente a lo que es falso, a lo que se experimenta en el sueño y carece de eternidad.

El auténtico perdón aclara tu visión para que seas capaz de ver más allá de lo que parece un error, de esa manera se pondrá ante tus ojos un viejo mundo, y uno nuevo y real, al cual puedes contemplar sin perdonar porque la verdad no necesita ser perdonada, mientras que las ilusiones sí.

Perdonar es recordar el amor, es el desasimiento del ego, todo pesar no es más que la falta de perdón, este es el gran disolvente de las ilusiones y lo que les otorga el título de inexistentes. Conforme te adentras en la consciencia de unidad sabrás que todo perdón es un regalo que te haces a ti mismo, es el desvanecimiento de la culpa inconsciente, por lo tanto, todo escenario que para la mente errónea puede ser de conflicto, para la mente consciente es una gran oportunidad de perdón. No se trata de negar lo que ves ni pasarlo por alto porque la culpa se mantendría, por el contrario, se trata de no juzgar. Sabrás que has perdonado cuando esto ya no ocurra.

Con la práctica constante del perdón dejas de ser esclavo y de esclavizar a los demás a la culpabilidad. Es un ejercicio interno, no importa lo que hagas afuera en el mundo de las formas, harás lo que tengas que hacer, puedes perdonar un abuso y denunciar, puedes perdonar a tus padres por querer dirigir tu vida y no permitir que la dirijan, actúas de la manera necesaria en cada situación, pero sin amargura en el corazón, rompes el ciclo de venganza, de odio y miedo, y dejas de perpetuar el adormecimiento.

Cuando te enganchas a la culpabilidad el ego respira porque así le aseguras la supervivencia en tu mente, él busca reafirmarse una y otra vez a sí mismo porque no es real. Perdonar es reconocer lo falso, es tomar consciencia de que el mundo tal como lo ves no es verdad. Entonces, si el mundo que ves es irreal ¿juzgarías algo que no existe?

Todo es un escenario, que te mostrará el contenido de tu mente. Por eso, si ves injusticia, dolor, guerra, pérdida, es porque has decidido que sea real para ti, no trates de cambiar de visión enfocándote en lo que te muestran tus ojos físicos, muchas veces necesitarás cerrar los ojos para ver. Quizá no puedas cambiar los escenarios que ves, pero sí puedes elegir el significado de cada uno, no te preocupes si inicialmente se te dificulta, has venido entrenándote para creer en todo lo que ves, sin embargo, ten presente que siempre vas a poder elegir nuevamente.

El asistente divino. El gran transformador de la percepción

Para la práctica del perdón es necesaria la asistencia divina, nuestra mente ha estado tan programada que ponerse unos lentes nuevos cuando has estado tan identificado con tu propia manera de ver el mundo puede ser retador. Tu asistente es tu guía divina interior, quien permite que se abra tu intuición; cuando encontramos una resistencia a recibir su ayuda es el ego tratando de sostener y mantener su *status quo*.

Dentro de "Un curso de milagros" a esta guía se le conoce como el *Espíritu Santo*, puede tomar cientos de nombres, pero en esencia es el espíritu de Dios en la mente del hombre. Es intercesor, revelador, mediador y maestro.

Su función es enseñarte a distinguir entre lo que es real y lo que no es. En muchas oportunidades de nuestra vida podemos creer que avanzamos, y por el contrario, podemos estar retrocediendo. Asimismo, muchas veces podríamos asegurar que retrocedemos, pero estamos avanzando, nuestra visión sólo nos permite ver lo que hemos aprendido, y eso hasta ahora nos ha llevado a un desconocimiento completo de nosotros mismos. Nuestro estado de confusión llega a tal punto que fácilmente confundimos dicha con dolor, miedo con amor y oscuridad con luz.

Nos relacionamos con el mundo a través de la percepción, mas la percepción no puede entregarnos conocimiento por su propia cuenta, porque mientras nos encontremos dirigidos por la mente programada no podremos percibir correctamente. Tu guía interior es el puente o el mediador entre la percepción y el conocimiento o la verdad.

La percepción está relacionada con tu estado racional y emocional, por eso se puede ver a una misma situación o persona de maneras diferentes cuando estás deprimido o enamorado. Tu química cerebral juega un papel importante, esta se relaciona con tus pensamientos y tu sistema de creencias.

El verdadero milagro es el cambio de percepción, que te da la oportunidad de deshacer todos los muros que la mente programada ha construido en contra de la verdad, es ir de la separación a la unidad, de lo ilusorio a lo real.

Existe una manera de vivir en el mundo que no es del mundo

El mundo que ves está compuesto de aquello de lo cual lo dotas a través de tus proyecciones (lo que está en tu mente), estas dan lugar a la percepción. Si no eres consciente fácilmente puedes quedar atrapado en la rueda proyección-percepción, y saborear tu propia sopa mental una y otra vez, es la representación externa de tu mundo interior, por eso, así como se piensa se percibe, por lo tanto, la percepción es un resultado y no una causa.

¿Entonces dónde queda esa idea de querer cambiar el mundo? Querer modificar el mundo exterior sin que el interior sea tocado es otra de las distracciones de la mente programada, es como querer cambiar la forma de tu rostro en el espejo. Por lo tanto, no se trata de cambiar el mundo, sino de cambiar la forma como lo percibes, así desarrollas tu verdadera visión.

Todo lo que has visto en el mundo, panoramas de muerte, dolor y guerra proceden de una mente colectiva que cree firmemente en ellas. No intentes buscar la liberación dentro de un mundo preso en sus propios pensamientos. Para conectar con la verdad debemos disolver el mundo como lo conocemos hasta ahora, es importante que seamos humildes y reconozcamos nuestra propia ignorancia, existen muchas cosas que hacen parte de lo indescriptible e incognoscible porque no pertenece a este mundo. Hacer un acto de rendición y entrega, dejarnos guiar por la asistencia divina, declararnos en servicio de la totalidad y estar disponible para ver solo lo que vean sus ojos.

La única manera de vivir en el mundo que no es de este mundo es a través de una nueva percepción, que te mostrará que no existe un mundo interior y uno exterior, es una unidad indivisible. Ahí puedes empezar a sentirte en casa, porque a donde mires reconocerás el misterio y el brillo de la gran obra que se esconde detrás todo. No hay personas ni mundo, por lo tanto, nadie tiene que iluminarse ni liberarse, es un sueño, se ha hablado de la búsqueda de la libertad, la dicha y la paz, hasta este momento puedes comprender que no la necesitas porque ya la tienes, no existe ningún "yo" personal que tenga que conseguir nada, no se ilumina, solo desaparece para ser uno con la totalidad.

Quién esté listo para ver, que vea

Los principios de la claridad

Principio de responsabilidad:

Tú eliges lo que ves, pues eres responsable de lo que manifiestas. Eres responsable, no culpable. Siendo responsable te encuentras en contacto con tu poder creador y manifestador, la culpabilidad lo cede, te inmoviliza y empequeñece.

Principio de percepción:

No puedes conocer lo real a través de la percepción, pues ella está limitada por un andamiaje de condicionamientos mentales, así hemos creído que lo que no percibimos no existe. La percepción es un medio para validar la "existencia" de un mundo dual, todo lo que se percibe tiene un opuesto. La paz que buscas no tiene opuesto porque no es de este mundo, por lo tanto, tampoco la encontrarás con la visión de este mundo.

Una mente en conflicto cuyo origen radica en la culpa inconsciente genera miedo, el cual conduce a la proyección, y esta a su vez fabrica la percepción, por lo tanto, desde una mente en conflicto no puede percibirse otra cosa que un mundo en conflicto.

El amor lleva a la extensión, el miedo a la proyección. El instrumento perceptor es el cuerpo, para poder percibir de manera inocente, sin tus propios juicios individuales debes entregarle tus percepciones a tu maestro interior, tu asistente divino, si le das ese permiso él las corregirá por ti. Los milagros ocurren cuando percibes correctamente, no desde tus propios juicios, sino a juicio de esa parte de tu mente que tiene la capacidad de ver realmente.

Principio de rendición o entrega:

Para conectar con una verdadera visión se requiere humildad y estar dispuesto a liberar las resistencias que el yo personal o ego ha establecido para mantener su reinado. Para llegar al estado de rendición debo reconocer que *yo no sé nada por mi propia cuenta,* por eso la necesidad de la asistencia divina; la mente programada siempre intentará mostrar que sabe, basándose en la historia de sus memorias programadas, cuando se remueven los obstáculos la verdad se expresa por sí misma.

¿Ante qué debo rendirme? La única rendición que podemos realizar es ante el *amor,* lo único que existe, lo único que verdaderamente hay. Todo sufrimiento es generado por las barreras y resistencias que ponemos en contra del amor, por eso será un acto de rendición frente a nuestra propia naturaleza: me despojo de los disfraces y me rindo ante mi verdad.

La disolución del yo personal

Mientras exista el "yo" también existirá sufrimiento. El estado de iluminación es la muerte del ego, la única muerte que existe, así empiezas a expandir tu consciencia, tanto que ni tu propio cuerpo puede contenerte. Para la desintegración de la mente programada se requiere dejar de ser pensador y hacedor, necesitamos estar dispuestos a soltar las resistencias y el apego a nuestro yo personal, no se trata de acciones externas (ellas vendrán por su cuenta si se requiere), se trata de una clara acción interna acompañada del deseo y la voluntad de recordar nuestro estado natural de unidad.

Desde ahí podrás experimentarte interconectado con todo lo que ves y lo que no, en un estado de completa comunicación y armonía, todo es sagrado, tiene la misma importancia y trascendencia, lo que tiene forma y lo que no, habitas tu cuerpo, pero no te identificas con él, tampoco con tus roles y permites que todas las acciones que tome sean impulsadas por la corriente de lo divino, por la presencia de lo absoluto, morando en ti y tú en él.

Todo se transforma en un continuo presente donde el tiempo carece de importancia, la dualidad deja de tener sentido y le abre paso a la mente Uno. Desde ahí, desde un contexto profundo comprendes que ya no existen "relaciones", ahora, para que esto ocurra hemos de vernos aún como individuos separados, estamos en una continua experiencia con nosotros mismos a través de lo que parecen ser los "otros".

No tomo decisiones por mi cuenta

Cada instante decidimos, una parte nuestra ("el tomador de decisiones") es quien decide dirigir la atención a la mentalidad errada del ego o a la mente consciente o despierta. Muchas de nuestras decisiones son inconscientes, ni siquiera notamos cuando las tomamos, sin embargo, es importante saber que antes de cada decisión hay un juicio previo basado en las creencias establecidas en nuestro subconsciente.

En la declaración *no tomo decisiones por mi cuenta* decido no ser el juez de lo que se debe hacer, soy consciente de que una mente entrenada que decide a través de programaciones mentales es limitada, y de que sus preferencias le acompañan. Lo ilusorio no puede ver sino solo ilusiones y decidir entre ellas, por lo tanto, esa toma de decisiones es otra ilusión.

No tomar decisiones por mi cuenta no se relaciona con las elecciones que tomamos en el mundo de la forma: ¿helado de vainilla o chocolate?, ¿subo o bajo?, ¿me mudo de ciudad?, ¿me caso o sigo soltera?, se trata de quién será el maestro que te acompaña a tomar tus decisiones, porque tus preferencias te llevarán a juzgar de una manera u otra. Si te dieron helado de chocolate y tu querías de vainilla vas a comerte el de chocolate con resistencia o quizá no te lo comas, eso es lo que normalmente hace la mente programada, con el maestro adecuado (tu asistente) podrás estar seguro de que todo lo que se presenta en el guión de tu vida tiene una razón de ser, que no hay errores, dejas de lado el conflicto y la ilusión de creer saber qué es lo mejor.

Todo lo que acontece está directamente diseñado para nuestro despertar, por lo tanto, no juzgo las situaciones ni las personas, todo obra conjuntamente para bien. Si perdiste la paz es porque has tomado una decisión por tu cuenta. Entre las ilusiones que se te ofrecen escogerás alguna porque crees que esa elección tiene la capacidad de darte paz o felicidad, y al creer que "eso" puede darte algo conviertes esa opción o ilusión en tu ídolo, porque a un nivel consciente o no muy consciente le has conferido tu poder, y si la vida no te entrega tu preferencia con ella, se irá tu paz y tu dicha.

A través de la mente programada le otorgas valor a todo lo que observas en tu mundo, lo etiquetas como bueno o malo, bonito o feo, positivo o negativo, no porque sea verdad, sino porque ha sido la interpretación que le has dado de acuerdo con tu sistema de creencias, te preguntas y tomas decisiones por tu cuenta.

Llegar a la consciencia de unidad es inevitable

Existe una alternativa a la proyección y es la consciencia de unidad. Saberse Uno con Todo lo que Es. Si se proyecta es porque se alberga la creencia en la separación, no solo tienes la vida que pareces vivir, sino que eres la vida que pareces vivir. Negar la unidad es negar el amor que es tu Ser. En unidad puedes reconocer la perfección y la perfecta igualdad, de modo que o estás separado o eres Uno, no existen puntos medios.

Desde esta consciencia sabrás que lo que quieras para otro Ser es lo que quieres para ti mismo. Cuando sientes rabia, odio o hay una sensación de venganza frente a alguien, la mente programada inicia el ataque mental queriendo un castigo, incluso desea ver al otro solo y separado, pues ese es el castigo inconsciente que has elegido darte mientras te percibes separado.

Estamos tan unidos que desde una visión expansiva podemos comprender que no existen pensamientos privados, cada pensamiento —sea de miedo o de amor— es recibido por el Ser Uno que somos, y a un nivel inconsciente es conocido por cada ser. Por lo tanto, indistintamente de lo que sientas por alguien, ese otro lo sabe, y sabrás que a nivel de la verdad estarás yendo a favor o en contra de ti mismo. Aunque en lo más profundo de tu ser tu deseo es de amor, paz y unidad.

Cada cosa que experimentas es tu propia creación, tú la has elegido, lo que experimentas es haber escogido jugar el juego donde creíste estar solo, y tienes tal maestría que para poder experimentarlo elegiste entregarte al olvido. No obstante, en lo profundo de tu mente emerge el recuerdo que te llama y te recuerda que no existe nada afuera, que eso que parece estar por fuera fue gestado en tu interior, creer que algo está afuera es creer que lo que ves está separado de la idea que le originó, lo cual no es posible.

Dentro de nosotros habita el poder del universo y todo su potencial de creación, pero hay algo que no podemos cambiar o sobre lo que no tenemos poder: separarnos del amor que nos creó. Podemos imaginar y fantasear, pero no podemos engañarnos a nosotros mismos.

La fuente, la totalidad (Dios), no nos envía nada porque eso significaría que estamos separados. Él habita en nosotros, así como toda la creación, lo que conocemos y lo que no, probablemente solo somos conscientes de una gota de todo el océano.

El viaje espiritual

El viaje espiritual es un camino sin recorrido porque no hay ninguna distancia que recorrer, no es lógico ni lineal como todos los esquemas propuestos por el ego, tampoco puedes preverlo, anticiparte o esperar. No es una lucha, es un proceso de observación. No trata de quitarte algo pues su único objetivo es deshacer los obstáculos que has fabricado en contra de la paz y la felicidad.

No son conceptos, el verdadero viaje se *vive y se experimenta*, va más allá del pensamiento y de la loca idea de creer que existe la ausencia de amor, la ausencia de libertad y la presencia de conflicto.

Dentro del viaje espiritual tu gran compañero será el discernimiento, no el tuyo, sino el que se te otorga. Así dejarás de prestarle atención a los espejismos, pues lo único que puede hacerlos desaparecer es el contacto con la verdad. Ahora te encuentras más allá de tus propias interpretaciones, por eso dejas de etiquetar a las personas y a las circunstancias, y el mayor espejismo con el cual te has de enfrentar es esa versión que tienes acerca de ti mismo.

Buen viaje de regreso a ti mismo. Que la maestría te acompañe. Yo soy tú, tú eres Yo.
Experiméntalo y sé libre.

Meditación

Libero al mundo de lo que pensé que era

Despierto del sueño personal al sueño de la vida, el recuerdo de la verdad empieza a florecer en mí. No puedo ver lo que nunca existió, a partir de este instante me comprometo a ver lo que soy y lo que son los demás, estoy dispuesto a ver y a experimentar la sabiduría y la inocencia. Mi mente se encuentra libre de miedo, sé que no tengo necesidad de atacar ni sostener conflictos en mi mente. Siento la certeza del Ser al encuentro con lo verdadero y dejo de buscar la verdad para poder conocerla.

No opongo resistencias, reconozco la divinidad que habita en todo, dejo a mi ser libre de ilusiones y engaños. No hay nadie fuera, dejo de creer en la separación y siento la consciencia que habita en todo. Soy una extensión de la totalidad, dejo de lado las percepciones y las opiniones personales para recibir el conocimiento que me lleva a comprender que soy libre, mi visión es cada vez más clara, dejo de ver el error, soy responsable de lo que pienso y sé que mis acciones son el resultado de mis pensamientos.

Ahora comprendo que lo que he visto no era real, tan solo han sido peticiones de amor, soy capaz de reconocer que lo real se encuentra en el espíritu no en roles, acciones ni comportamientos, cuando la mente percibe sin amor no verá más que engaños.

Se me ha dado todo, estoy completo, todo cuanto doy, me lo doy, fui creado amor y amor es lo que comparto, se revela todo lo que se mantenía oculto en mi mente, recuerdo lo que siempre fui, lo que no he dejado de ser, ya no hay confusión ni conflicto, experimento la unidad, despierto al Amor.

MAESTRÍA INTERIOR